Roland Breitenbach

Der kleine Bischof

Roland
Breitenbach

Der kleine Bischof

Roman – Briefe – Predigten

Reimund **Maier** Verlag

3. Auflage 2003

www.herder.de

Umschlagmotiv:
Paul Klee: Gemischtes Wetter (1929; 343 [3 H 43])
Öl- und Wasserfarbe auf Nesseltuch
Privatbesitz, Schweiz

Redaktionelle Mitarbeit: Clemens Götz
Druck und Bindung: fgb · freiburger graphische betriebe 2003
www.fgb.de

Gedruckt auf umweltfreundlichem, säurefrei gebleichtem Papier
Printed in Germany

ISBN 3-451-27782-4

Inhalt

Vorwort

Menschen brauchen Träume, Träume zum Leben, zum Überleben. Vor allem Christen brauchen Träume. Immer wenn Gott etwas Besonderes mit den Menschen vorhatte, verkündete er es im Traum oder durch einen Engel. Engel sind wie gute Träume. Gäbe es keine Träume in der Kirche, dann gäbe es kein Evangelium. Denn die Frohe Botschaft lebt vom Traum des Reiches Gottes, das mitten unter den Menschen entstehen soll. Wir Christen leben von dem Traum, dass in Erfüllung gehen wird, was das Evangelium allen Menschen guten Willens verheißt: „Selig seid ihr ..." Es ist der Traum einer geschwisterlichen Kirche, in der Männer und Frauen, Junge und Alte, Schwarze und Weiße, zusammen verwirklichen, was Jesus von Nazaret gewollt hat. Jeder, der diesen Traum zu verwirklichen sucht, weil er vom Evangelium das lebt, was er davon verstanden hat, ist wie ein gottgesandter Engel.

Der Pfarrer Oliver Maß, der im Jahr 2000 völlig überraschend Bischof von Würzburg wird, versucht diese Träume ins Leben zu übersetzen. Wird er in einer Kirche scheitern, die nicht selten die Verwaltung und das Recht über die Bibel stellt; die oft genug das Jesuswort „unter euch aber soll es nicht so sein", gedankenlos oder überheblich geworden missachtet; die in manchen Gesetzen und Verordnungen das Evangelium direkt verrät? Darf ein Mensch, darf ein Bischof, der eingebunden ist in eine strenge hierarchische Stufenleiter, für die Erfüllung seiner „Bergpredigt-Träume" kämpfen? Vielleicht so, wie es sich Che Guevara, der große lateinamerikanische Revolutionär, wünschte: „Zupacken, ohne die Zärtlichkeit zu verlieren"? Es ist eine Tragik, dass Guevara an seinem Anspruch gescheitert ist, weil bei ihm die Gewalt über die Zartheit siegte. Dennoch: Kraft und Zärtlichkeit zugleich, das ist es, was sich Christen überall auf der Welt von ihrer Kirche im neuen Jahrtausend erwarten.

Bischof Oliver tritt gegen eine unheilige, weil lieblose Hierarchie an, die sich in der langen Geschichte der Kirche aus Nachlässigkeit, aus Gedankenlosigkeit, oft aber auch aus reinem Machtstreben einzelner und ganzer Gruppen, entwickelt hatte. Deswegen versucht er wenigstens ein wenig mehr Offenheit und Ehrlichkeit durchzusetzen. Doch schon diese Ehrlichkeit und Offenheit bringt ihn an einen gefährlichen Abgrund, und in den direkten Konflikt mit dem Apparat des Vatikan.

Die Lage der römisch-katholischen Kirche im Jahr 2000 hat sich vor allem in Deutschland zugespitzt. Seit zwei Jahren regiert Johannes Paul III., ein konservativer Spanier, die Kirche. Seine Wahl und dann seine Amtsführung, die sich als noch autoritärer als die seines Vorgängers erwies, haben in der Kirche eine Austrittsbewegung gefördert, die vor allem die Frauen zwischen 20 und 45 Jahren erfasste. Zudem hat der Bundestag in Berlin beschlossen, ab 2010 die Kirchensteuer abzuschaffen. Den Kirchen, die sich daran gewöhnt hatten, am steigenden Steueraufkommen des Staates beteiligt zu sein, ist es durch das neue Gesetz freigestellt, ein eigenes Besteuerungssystem zu entwickeln. Niemand zweifelt daran, dass die Zeit der Umstellung katastrophale Folgen haben wird; dennoch scheinen die Verantwortlichen in den Ordinariaten den Ernst der Lage noch nicht begriffen zu haben.

Der Roman, der zunächst als Fortsetzungsgeschichte für das Gottesdienstblatt der Gemeinde St. Michael in Schweinfurt gedacht war, zeichnet das erste ereignisreiche Bischofsjahr von Oliver Maß nach. Es entstand, auch durch die Mitwirkung der Leser, ein Roman, der in vielen Bereichen der Kirche und der Gemeinden zum Nachdenken anregt, der Träume wahr macht, die von vielen geträumt werden; ein Roman, der Ängste überwinden will, die viele bedrücken; ein Roman, der trotz der derzeitigen Demontage des 2. Vatikanischen Konzils und der daraus folgenden Selbstverschließung der Kirche, auf ihre Zukunft und ihre Wandlungsfähigkeit setzt. Noch finden sich Menschen in unseren Gemeinden, die bereit sind, nach dem Wahlspruch Bischof Olivers aus dem Römerbrief zu handeln: „MIT HERZ UND MUND".

Vorwort zur 17. Auflage

Kleiner Bischof, was nun?

Vor über zwölf Jahren wurde dieser kirchenkritische Zukunftsroman unter dem Eindruck geschrieben, dass das Fenster der Kirche zur modernen Welt zugemauert werden sollte. Johannes XXIII. und das 2. Vatikanische Konzil hatten es aufgestoßen. Die große Vision dagegen war, in der Gestalt des kleinen Bischofs ein Zeichen für eine menschennahe Kirche zu setzten. Zudem hatte es mit dem Kirchenvolksbegehren in Österreich und Deutschland erstaunliche Zeichen der Bewegung von unten gegeben. Doch der kleine Bischof, der Hoffnungsträger für die „Kirche von unten" muss sich jetzt fragen lassen, was nun? Ist er gescheitert? Ist damit die Kirche gescheitert?

Die Polarisierung ist fortgeschritten. Fundamentalisten gewinnen Positionen zurück. Die Kurie setzt verstärkt auf

Härte. Der Treueid wird bis herunter zum letzten Pfarrer durchgesetzt, die Auswahlkriterien für Bischöfe wurden verschärft. In vielen Bereichen zeigt die Kirche eine Art Arteriosklerose, die zu einem Infarkt führen kann.

Der Auszug der Frauen setzt sich fort und lässt sich auch mit dem Verbot des Vatikan begründen, dass über den Dienst und das Amt der Frau in der Kirche nicht mehr diskutiert werden dürfe. Die Jungen finden erst gar keinen Platz in der Kirche. Die Alten resignieren. Vielerorts breitet sich eine lebensbedrohliche Depression aus.

Längst ist es für den kleinen Bischof klar geworden, dass neues Leben nicht von oben zu erwarten ist. Die Zukunft der Kirche liegt an der Basis, an den Wurzeln, im Evangelium. Deswegen werden jetzt erst recht radikale Christen gesucht, die bereit sind, ihr Leben nach dem Evangelium Jesu zu gestalten.

Roland Breitenbach

„Wer mit dem Herzen glaubt
und dem Mund bekennt,
wird Gerechtigkeit und Heil erlangen.
Denn die Schrift sagt:
Wer an ihn glaubt,
wird nicht zugrundegehen.“

Röm 10, 10.11

Das
Bistumsblatt
brachte
eine
nichtssagende
Würdigung
des
neuen
Bischofs ...

Erst als der Bischof ankündigte, er werde aus seinem Palais ausziehen und künftig zur Miete wohnen, erregte er das Interesse der Presse. Seine völlig überraschende Wahl zum Bischof der kleinen Diözese im Herzen des Landes war seinerzeit nicht sonderlich beachtet worden. Auf mehr als zwei Spalten in der Regionalpresse hatte es Bischof Oliver kaum gebracht; die großen Zeitungen berichteten damals kurz und knapp: „Papst Johannes Paul III. hat den bisherigen Pfarrer Oliver Maß (44) zum Bischof von Würzburg, einer Diözese mit knapp 900 000 Katholiken ernannt. Seine Weihe wird am ersten Maisonntag im dortigen St. Kiliansdom stattfinden. Die Bischöfe von Mainz, Bamberg und Speyer werden die Weihehandlung vornehmen. Der bisherige Bischof von Würzburg ist seit fast einem Jahr im Vatikan im Range eines Erzbischofs als Sekretär der Kongregation für die Einheit der Christen tätig."

Diese neue Aufgabe hatte der Paderborner Theologieprofessor, der mit seinem unterfränkischen Bistum, wie man hörte, nicht so recht glücklich gewesen war, gerne übernommen. Der Abschied von Würzburg war ihm nicht allzu schwer gefallen, vor allem weil seine Tätigkeit in Rom mit einer Ehrenprofessur an der berühmten Gregoriana ausgestattet wurde.

Das Bistumsblatt brachte zwar eine ausführliche, aber doch nichtssagende Würdigung des neuen Bischofs: Seine bisherige Laufbahn wie das Archiv des Blattes gaben zu wenig für eine ausführliche Würdigung her; von Oliver Maß war wirklich nichts Besonderes zu berichten. Die Konservativen und Progressiven der Diözese waren durch die überraschende Wahl, die ja keine war, sondern wieder, wie in den letzten beiden Jahrzehnten, eine der einsamen Entscheidungen des Papstes, gleichermaßen verunsichert. Der neue Bischof war als Landpfarrer weder nach der einen noch nach der anderen Seite hin aufgefallen. Keine Richtung konnte sich da große Hoffnungen machen. Die Frommen stießen sich vor allem an seinem Namen, so dass die Redaktion des Bistumsblattes sich veranlasst sah, die wichtigsten Daten eines Seligen namens Oliver zu veröffentlichen:

„Oliver Plunket, 1669 Erzbischof von Armagh und Primas von Irland. Trotz größter Schwierigkeiten war Oliver unermüdlich um eine volksnahe Seelsorge bemüht, für die Ausbildung der Geistlichen, für die Reform der Klöster sowie für den Erhalt einer gesunden Volksfrömmigkeit. Er wurde im Jahre 1679 wegen einer angeblichen Verschwörung verhaftet, gemartert und schließlich gehängt. Namenstag am 11.7.“

Dass die Seligsprechung Oliver Plunkets erst 1975 erfolgt war, unterschlug das Blatt in durchaus frommer Absicht. Weglassungen dieser Art gehörten seit Jahrzehnten zur redaktionellen Gewohnheit des konservativen Blattes, das mühsam von jenen Kräften des Bistums am Überleben gehalten wurde, die das 2. Vatikanische Konzil für einen kirchlichen Verkehrsunfall hielten. Dazu kamen allerdings nicht geringe Kirchensteuermittel, die von der Finanzkammer jährlich zugeschossen werden mussten.

Zum Leitmotiv seines Bischofsamtes wählte sich Oliver Maß das Wort „In Corde et in Ore“ aus dem Römerbrief: „Mit dem Herzen glauben und mit dem Mund bekennen“. Auf ein Bischofswappen verzichtete er genauso wie auf alle Rangabzeichen, auf die seine Vorgänger noch so großen Wert gelegt hatten. Als Oliver bei seiner Weihe statt des schon von Johannes Paul II. geforderten Amtseides aus dem Matthäusevangelium zitierte: „Euer Ja sei ein Ja, euer Nein ein Nein, alles andere stammt vom Bösen“ (5, 37), herrschte für einen Augenblick Ratlosigkeit im Chorraum, aber ein beifälliges Raunen ging durch den überfüllten Dom.

Die Konservativen, die erst kürzlich mit einigem Erfolg eine Unterschriftenaktion gegen ein 3. Vatikanisches Konzil hinter sich gebracht hatten, vermissten den Namen des neuen Bischofs in ihren Listen, und die Fortschrittlichen bemängelten, dass er nicht aktives Mitglied im Buxdorfer Kreis sei. Hinter vorgehaltener Hand wurde gemunkelt, Oliver sei als Pfarrer zweimal mit dem päpstlichen Nuntius in den Dolomiten Ski gefahren und habe mit seiner früheren Landgemeinde eine Wallfahrt nach Rom gemacht; dabei sei er auch mit dem spanischen Papst zusammengetroffen. Wieder andere wollten wissen, Bischof Oliver habe vor Jahren bei seiner Wallfahrt nach Santiago de Compostela den späteren Papst in einem Kloster in der Nähe von Burgos kennengelernt. Das alles aber konnte die Wahl von Maß zum Bischof nicht recht erklären; sein Name, so wollten Eingeweihte wissen, stand auch nicht auf der Vorschlagsliste, die dem Papst nach dem Weggang des bisherigen Bischofs nach Rom, übergeben worden war. Das nun wiederum war nichts Besonderes; fast alle Bischöfe des letzten Jahrzehnts wurden von den Päpsten im Alleingang mit den jeweiligen Nuntiaturen ernannt. Auch unter Johannes Paul III. legte der Vatikan mehr Wert auf die geheimen und deshalb nicht nachprüfbaren Informationen der päpstlichen Vertreter in den Staaten der Welt als auf die Vorstellungen der Bischofskonferenzen oder die Meinung einzelner Bischöfe. So sind die Vorschlagslisten, die von den Bischöfen oder vom Domkapitel an den Papst gegeben werden, eher Garantiescheine für die Betroffenen, nicht die geringste Chance zu haben, Bischof zu werden. Ganz abgesehen davon, wie der Vatikan mit den verbrieften Rechten umgeht, oder mit den Verträgen, die er mit anderen Staaten geschlossen hat.

Für die Vermutungen und Gerüchte blieb also nach wie vor ein großer Spielraum, vor allem, weil auch der neue Bischof selbst in seiner ersten Predigt, die übrigens „ohne besonderes theologisches Profil“ war, wie der Dekan der katholischen Fakultät kritisierte, von seiner eigenen großen Überraschung erzählte. Er habe lange gezögert, denn es sei ihm in dieser bewegten Zeit des Umbruchs und der Restauration sehr schwer gefallen, das Amt des Bischofs überhaupt anzunehmen. Am Ende sei es fast ein wenig Widerstandslust gewesen, die für ihn den letzten Ausschlag gegeben habe, im Gehorsam Ja zu seiner Ernennung zu sagen. Jedenfalls gab es keinerlei Proteste gegen seine Ernennung; er musste auch nicht, wie andere Bischöfe vor ihm über Menschen hinwegsteigen, um in den Dom zur Weihe zu kommen. Als er vom Neumünster kommend in den Kiliansdom einzog, schritt er durch ein dichtes Spalier singender und freundlich winkender Menschen.

■

Nun war Oliver drei Monate Bischof und aus seinem Renaissance-Palast ausgezogen. Der kleine Möbelwagen musste nicht allzu viel transportieren. Bischof Maß hatte keine große Ausstattung vom Landpfarrhaus in den Hof Conti mitgebracht. Die Küche war in der neuen Wohnung bereits eingebaut. Der Reporter fand ihn im dritten Stock eines Mietshauses fast am Rande der Stadt in einer Dreieinhalbzimmerwohnung. Ohne Probleme hatte er die Rufnummer im Telefonbuch gefunden: „Maß Oliver, Bischof, Frankfurter- 62a, 63 06 30“. Auch die Verbindung klappte ohne Komplikationen. „Am besten Sie kommen heute zum Kaffee“, hatte der Bischof die Bitte nach einem Interview spontan beantwortet. „Ich denke, so gegen halb vier. Sie können die Straßenbahn nehmen. Parkplätze sind bei uns knapp.“

STAUBER

Sie tranken ihren Kaffee in der Essecke der Küche zusammen mit einem jungen Mann, etwa 28–30 Jahre alt, wie der Reporter schätzte. Seit seinem Umzug hatte der Bischof einen Pastoralassistenten als „Sekretär, Fahrer und Haushälter", wie Oliver erzählte, und er fügte hinzu: „Ralf hat mir auch schon zwei Ansprachen geschrieben, die ganz gut angekommen sind. Die jungen Leute haben heute eine hervorragende theologische und pastorale Ausbildung; besser jedenfalls als sie bei uns damals in den 70er-Jahren gewesen war. Ich schäme mich deswegen nicht, gerade in modernen Fragen, seine Hilfe und seinen Rat, auch seine Kritik in Anspruch zu nehmen."

Ralf stammte aus dem Ochsenfurter Gau. Er sollte eigentlich den elterlichen Hof übernehmen, hatte aber nach der Landwirtschaftsschule das Abitur auf einem Abendgymnasium nachgemacht und Theologie studiert. Obwohl er nicht heiraten wollte, hatte er sich für die Aufgabe des Pastoralassistenten entschieden, weil er, wie er sich ausdrückte, „grundsätzlich etwas gegen den Zölibat hatte". Oliver Maß hatte ihn als Praktikanten kennen gelernt und ihn zu seinem Sekretär gemacht, als er Bischof geworden war. Der bisherige Priester im Sekretärsamt war glücklich, endlich eine Pfarrei übernehmen zu können. Und Ralf hatte in seiner trockenen Art kommentiert: „Geweihte Haushälter kann sich die Kirche in diesem Jahrtausend nicht mehr leisten!"

Mit in der kleinen Runde war noch die Nonne einer afrikanischen Missionsstation in Tanzania; sie war auf Heimaturlaub. Wie sich im Gespräch herausstellte, hatten sie sich in einer Jugendgruppe kennengelernt. „Das war vor 30 Jahren nicht so leicht", meinte der Bischof mit satirischem Unterton. „Koedukation war in kirchlichen Räumen streng verboten, und wir mussten uns schon allerlei fromme Tricks einfallen lassen, um wenigstens miteinander in der Bibel lesen zu können. Wir lasen natürlich nicht nur in der Bibel ... Gudrun, Verzeihung, Schwester Verena brachte mir Latein bei und ich ihr Mathematik“, spottete Bischof Oliver. „Damals dachte ich noch nicht daran, Priester zu werden. Mich reizten die Naturwissenschaften. Bei meinem Abitur 1975 herrschte noch große Aufbruchsstimmung im Land. Die ‚Grünen‘ waren gerade erst entstanden, lösten vor allem unter der Jugend eine bisher nicht gekannte Sensibilität für die Schöpfung aus; in der Kirche wurde das Konzil auf allen Ebenen zum Leben gebracht.“

„Und weil Gudrun, äh – Schwester Verena, ins Kloster ging, sind Sie ins Priesterseminar?“, fragte der Reporter.

„So stellt man sich das gerne vor“, lächelte der Bischof. „Aber meine Jugendliebe war nicht Verena. Ich war vor dem Abitur unsterblich in eine andere verliebt, nur merkte es die Angebetete nicht“, erzählte Oliver weiter. „Sie heiratete, als ich schon Theologie studierte. Als ich sie später einmal in einer Buchhandlung mit ihren drei Knirpsen traf, da hat es mich ganz schön gerissen.“ Bischof Oliver brach mit einer Handbewegung ab und lud den Reporter ins Arbeitszimmer ein: „Euch beide können wir ja hoffentlich alleine lassen“, witzelte er im Gehen.

Dem Reporter fiel auf dem großen Schreibtisch sofort die Schriftkarte mit einem Zitat Johannes Paul I. ins Auge: „Zwei Dinge sind im Vatikan sehr schwer zu bekommen: Ehrlichkeit und eine Tasse Kaffee“. Der Bischof, der den Augen des Journalisten gefolgt war, bemerkte trocken: „Den Kaffee haben Sie bereits hinter sich! Und nun wissen Sie auch, was Sie noch zu erwarten haben.“ Er blickte auf die Uhr: „Ich habe noch eine halbe Stunde für Sie Zeit. Wir sollten sie nutzen.“ Der Reporter nahm seinen Notizblock zur Hand. „Bei einer Diskussion mit Wehrdienstverweigerern Ihrer Diözese sollen Sie im Konferenzsaal der Deutschen Bahn in Würzburg gesagt haben: ‚Der Handel mit

Waffen ist weit unmoralischer als die frei gelebte Sexualität'. Ich frage Sie, gilt dieser Satz auch für Ihre Priester?"

Der Bischof faltete die Hände: „Dieser Satz gilt für alle Menschen. Zunächst einmal ist der Waffenhandel deswegen völlig unmoralisch, weil er vielerorts die Gewalt und den Krieg überhaupt erst möglich macht. Ich fürchte, dass in dieser Hinsicht unsere kapitalistische Wirtschaft nicht allzu viele Skrupel hat. Da hilft es auch nichts, wenn die Herstellung von Waffen mit dem Erhalt von Arbeitsplätzen begründet wird. Der Teufel lässt sich auch mit einer noch so gut klingenden Begründung nicht taufen. Gerade jetzt, da die Supermächte weitgehend abgerüstet haben und unser Land seit fast zehn Jahren friedlich vereint ist, ist der Waffenhandel mit den kleinen und armen Ländern doppelt verbrecherisch geworden. Die Produktion von Waffen war leider nie Bestandteil der Abrüstungsgespräche der Großmächte.

Was Ihre zweite Frage anlangt: Die sexuelle Lust ist gottgewollt. Daran gibt es keinen Zweifel. Menschliche Sexualität will erlebt werden. Überall, wo dies geschieht, um sich und einen anderen glücklich zu machen, ist das sexuelle Erlebnis auch ein Stück Gottesdienst. Weil der Glaube der Christen geschlechtslos wurde, wurde ihre Sexualität glaubenslos, und sie hielten es für eine schlimme Lästerung, Gott auch einmal für eine sexuelle Erfahrung zu danken. Wahrer Glaube will das, was er glaubt, auch genießen. Das gilt für den Menschen, an den ich glaube und dem ich mein Vertrauen in einer Partnerschaft, möglichst ein Leben lang, schenke. Das gilt für die Religion, an die ich glaube und der ich meine Hoffnung auf Überleben anvertraue. Wir haben es leider verlernt, Gott und die Welt wirklich, in aller Freiheit und mit all unseren Sinnen, zu genießen. Ich halte das für die eigentliche moderne Gotteslästerung.

Selbstverständlich setzt der sexuelle Genuss Verantwortung voraus. Die Lust des einen darf keinesfalls auf Kosten des anderen gehen; sie darf nicht zwingen oder täuschen. Der unverheiratete Priester befindet sich da in einer menschlich sehr schwierigen Lage. Der Zölibat verpflichtet ihn zwar „nur" zur Ehelosigkeit; aber wie will und wie kann er mit seiner Sexualität zurechtkommen, wenn er sie nicht verantwortungsbewusst leben kann? Da gehört ungeheuer viel asketische Kraft dazu, die, ich wage das zu sagen, anderswo, in der Seelsorge, im offenen Umgang mit den Menschen, nötiger gebraucht würde. Vielleicht sind deswegen so viele Priester ängstlich und verschlossen, rücksichtslos und hart, weil sie Angst haben, sich zu öffnen und sich damit zu verlieren. ‚Wer sich öffnet, läuft aus', hat Bert Brecht einmal geschrieben. – Von der schweren Last der Einsamkeit, die im Alter immer drückender werden kann, einmal ganz zu schweigen."

Der Reporter unterbrach Bischof Oliver: „Sie werden etwas dagegen haben, dass ich diese Gedanken veröffentliche. Denn schließlich entsprechen sie, mit Verlaub gesagt, nicht der offiziellen Lehre der Kirche. Johannes Paul III. hat bei seinem Besuch in Litauen vor einigen Wochen noch einmal eingeschärft, dass es verantwortbare Sexualität nur in der Ehe gebe; alles andere sei moralisch zu verwerfen und schwer sündhaft. Hier werde sich die Kirche nie und nimmer ändern."

„Aber es gibt nun mal Sexualität auch außerhalb der Ehe", sagte der Bischof. „An dieser Tatsache kommt die Kirche nicht vorbei, und ich bezweifle, ob sie sich in der Einschätzung dieser Frage nicht doch ändern muss. Ich kann und darf auf Probleme von heute nicht Antworten von vorgestern geben. Das bedeutet, dass ich als Bischof auch noch mit jenen reden muss, die die konservative Haltung der Kirche, vielleicht sogar mit guten Gründen, nicht teilen können. Das heißt noch lange nicht, dass ich allem zustimmen muss, was in der Gesellschaft geschieht oder dass unmoralische Haltungen nur auf Grund statistischer Erhebungen auf einmal moralisch einwandfrei werden. Die vielen neuen wissenschaftlichen Erkenntnisse über die Sexualität des Menschen können wir nicht einfach hinter Heiligenbildern verstecken.

Das Christentum ist in erster Linie Leben und nicht Lehre oder Moral. Leider müssen wir den Eindruck haben, dass für viele Prediger erst die Moral kommt und dann das Evangelium. Im übrigen hat Jesus sehr wenig zur menschlichen Sexualität, aber sehr viel zur Liebe gesagt. Das eigentliche Problem ist, dass der Mensch die Liebe von der Sexualität trennen, die Vertrautheit vom Genuss lösen kann. Und dass er, oft genug, sexuellen Genuss mit Liebe verwechselt. Wenn dann die sexuelle Anziehungskraft nachlässt, ist er der Meinung, die Liebe sei am Sterben. Deswegen ist es die Aufgabe der Kirche, eine Kultur der Liebe zu predigen, also Mitsorge zu tragen, daß die Sexualität menschlich gelebt und erfahren wird. Wer den Menschen liebt, liebt Gott; wer Gott liebt, kann am Menschen nicht vorübergehen oder ihn gar verletzen oder zerstören. Das ist christliche Lebenshaltung – und das dürfen Sie ruhig schreiben!"

„Was sagen Sie dann zum Verbot von Präservativen, das Johannes Paul III. erneut eingeschärft hat? Er lehnt diese Mittel, wie schon seine Vorgänger, auch als Schutz vor Aids radikal ab. Ist eine solche Bevormundung nicht ein menschenverachtender Skandal?"

„Zunächst einmal ist der Papst in dieser Frage ein Gefangener der Geschichte. Er tut sich in allen Fragen der Sexualität unheimlich schwer, sich anders zu äußern als seine Vorgänger, die Päpste seit Pius XI. Das hat viel mit der längst überholten Unfehlbarkeit des Papstes zu tun, die das 1. Vatikanische Konzil erklärt hatte, ohne diese

Unfehlbarkeit in die Kollegialität der Bischöfe und den Glauben der Gemeinschaft der Gläubigen einzubinden. Wenn der Papst jetzt eine andere Einstellung hätte als seine Vorgänger, würde er, so befürchtet die Kurie, mit der Autorität dieser Päpste auch seine eigene untergraben. Das ist der Hintergrund für die unglückselige Unbeweglichkeit des Papstes, an der die ganze Kirche zu zerbrechen droht.

Der Kirchenlehrer Cyprian hatte schon im 3. Jahrhundert den notwendigen innerkirchlichen Dialog deutlich gemacht: ‚Nichts ohne den Bischof, nichts ohne den Rat der Priester, nichts ohne die Zustimmung des Volkes'. Das ist für mich die demokratische Grundformel für das Leben in und mit der Kirche. In diese Richtung geht unser Weg. Der Papst hat sich in den Fragen der Sexualmoral leider selber ins Abseits gestellt. Er selber hat es zu verantworten, wenn die Autorität seiner Vorgänger weitgehend verspielt wurde. Wenn Sie es ganz deutlich hören wollen: Ich behaupte, dass in diesen Fragen eher der Papst im Irrtum ist, als die von Rom so vielgescholtenen Christen. Ich frage mich, welche Moral ist das, der die große Mehrheit – Umfrageergebnisse kommen auf 95 Prozent – aus guten, durchaus verantwortbaren Gründen nicht folgen kann?

Aber nun zu Ihrer eigentlichen Frage: Vor zehn Jahren hatten wir noch gehofft, endlich ein Mittel gegen diese furchtbare Krankheit zu finden. Aber Aids hat sich weiter ausgebreitet. Wir befinden uns jetzt in einem echten Notstand. Daher ist es absolut unverantwortlich und damit auch unchristlich, sich dann nicht vor der Ansteckung zu schützen, wenn einer auf sexuelle Kontakte nicht verzichten kann. Dazu stehe ich, und das sage ich auch bei jeder passenden Gelegenheit. Ich kann anderen meinen Glauben und meine Überzeugung nicht aufzwingen.

Sicher gibt es da die Enthaltsamkeit und die sexuelle Treue, über die unser Papst mit Recht spricht. Aber beides lässt sich nicht verordnen oder gewaltsam durchsetzen. Das sind Ideale, vor denen ich allergrößten Respekt habe, wenn sie dem Leben des Betroffenen einen Sinn geben, also ausreichend und ehrlich motiviert sind. Aber nicht jeder kann seine Ideale auch wirklich erreichen. Das gilt für alle anderen Ratschläge, die das Evangelium gibt, z. B. die Armut, auch. Deswegen sage ich, weil das Leben des Menschen wichtiger ist als kirchliche Ordnungen, müssen wir es gegen Aids auch anderweitig schützen, zum Beispiel mit Kondomen."

Der Bischof sah auf die Uhr und lehnte sich zurück.

Die
priesterliche
Ehelosigkeit
als Verordnung
war den
neutestamentlichen
Gemeinden
völlig fremd ...

„Herr Bischof, Sie haben jetzt noch nichts gesagt über die Ehelosigkeit der Priester. Auch Priester sind sexuelle Wesen. Laut einer Umfrage hat jeder dritte geheime Beziehungen zu einer Frau; fünf Prozent sind homosexuell veranlagt", fragte der Journalist weiter. „Da muss es doch große Schwierigkeiten geben. Schwierigkeiten, die weit über die Grenzen menschlicher Belastbarkeit hinausreichen ...?"

„Sie haben recht", antwortete der Bischof. „Menschliche Katastrophen gibt es genug. Ich werde ..."

Schwester Verena trat ins Arbeitszimmer und unterbrach das Interview: „Für mich wird's Zeit", sagte sie. „Kommst du heute Abend zum Arbeitskreis Mission?" Der Bischof umarmte die Nonne zum Abschied leicht und meinte: „Aber es wird spät werden. Ich habe in der Rhön noch einen wichtigen Besuch zu machen."

Er wandte sich wieder dem Journalisten zu: „Mein Besuch heute Abend gilt einem Priester, der sein Amt aufgeben will, weil er eine Frau liebt. Nach vielen Jahren Dienst in der Kirche erlebt er die Faszination, aber auch die Schwierigkeit einer Beziehung zwischen Mann und Frau; ich kann ihn da als Bischof mit seinen Problemen und Nöten nicht alleine lassen. Noch immer besteht Rom darauf, solche Priester zu entlassen. Ich werde es hoffentlich nicht tun. Wir werden eine anständige Lösung finden müssen."

„Also ist der Zölibat überholt?", warf der Reporter ein.

„Die priesterliche Ehelosigkeit als Verordnung, also der Zölibat im heutigen Sinn, war den neutestamentlichen Gemeinden völlig fremd. Da waren sogar Bischöfe verheiratet. Die meisten Apostel hatten Frauen. Auch Petrus, der erste Papst, wenn Sie so wollen, war verheiratet. Wir wissen das aus der kleinen Begebenheit, die das Neue Testament überliefert: Die Schwiegermutter des Petrus war von einem schweren Fieber überfallen worden, und Jesus heilte sie. Die Ehe ihrer Vorsteher und Gottesdienstleiter war für die Christen der ersten Generationen kein Problem. Auf der anderen Seite hatten Bischöfe und Priester mit ihrer Ehe und mit ihren Kindern sicher auch Probleme ...

Es gab auch immer wieder Berufungen zur Ehelosigkeit, es gibt sie – das ist meine Überzeugung – bis heute; ich bin dafür dankbar. Aber das darf nicht mit einer kirchenrechtlichen Verpflichtung verbunden werden. Ich halte den Pflichtzölibat, also die zwangsweise Verbindung von Amt und Ehelosigkeit, für ein großes Unglück, für die Menschen und für die Kirche. Wir sortieren schon im Vorfeld junge Männer mit großer Liebesfähigkeit aus. Manchmal habe ich den Eindruck, dass sich die Kirche seit Generationen mit Menschen zweiter Wahl zufrieden gibt oder mit solchen, die noch nicht begriffen haben, worum es in ihrem Leben geht. Wenn wir uns umsehen, wird dieser Eindruck leider bestätigt: die Zahl neurotisch reagierender Priester ist nicht klein. Was sie sexuell entbehren müssen oder zu entbehren glauben, wird durch Machtausübung über ihre Gemeinden, oft auch durch ein recht luxuriöses Leben ersetzt. Das sind reine Ersatzhandlungen, und die haben mit dem Evangelium nicht das Geringste zu tun. Das kann in unserer Zeit nicht mehr gut gehen. Vielleicht noch deutlicher: Priesterliche Berufungen gibt es auch heute genug, doch die Kirche verhütet sie von Anfang an durch ihr Zölibatsgesetz. Gegen diese Art Verhütung des Nachwuchses bin ich ganz entschieden; von den Frauen ganz zu schweigen, die wir nach wie vor aus dem Amt ausschließen, ohne zu fragen, ob das Jesus wirklich gewollt hat."

Bischof Oliver stand auf. „Meine Zeit ist leider um", sagte er. „Aber wenn Sie das Thema noch tief greifender interessiert, dann lade ich Sie ein zu einem Gesprächsabend, der übermorgen stattfindet. Da treffen sich Brautpaare mit Studenten, die Priester werden wollen. Lassen Sie sich den genauen Termin von Ralf geben.

Sie werden vielleicht wissen, dass wir einen neuen Weg der Priesterausbildung suchen. Wer Priester werden will, lebt die ersten drei Jahre mit einem Pfarrer zusammen; vom Pfarrhaus aus geht er zur Universität. So erfährt er theologische Ausbildung und Leben mit der Gemeinde im gleichen Atemzug. Unser Priesterseminar ist seit kurzem als Wohnheim offen für alle Studenten; wir haben damit fast 80 Plätze gegen die große Wohnungsnot zur Verfügung gestellt. Nur in den letzten zwei Jahren vor der Priesterweihe wohnen unsere Kandidaten werktags noch im Seminar. Zum Sonntag sind sie dann wieder in ihrer Pfarrei. Im Seminar wohnen sie mit Studenten aller Fakultäten zusammen; das ist für beide Seiten gut. Wir brauchen nicht mehr so viele Zimmer wie zu meiner Zeit." Der Bischof lächelte. „Noch immer ist der Nachwuchs knapp; aber es gibt hoffnungsvolle Zeichen. Die Anmeldungen in diesem Jahr ..."

„Noch eine Frage: Im Priesterseminar gibt es auch Studentinnen?"

„Ja, auch Studentinnen." Der Bischof sagte das sehr betont. „Ich werde deswegen von meinen Kollegen ziemlich angegriffen, die bisher am tridentinischen Priesterseminar festgehalten haben. Ich halte die rechtzeitige Auseinandersetzung mit dem künftigen Lebensstil für absolut notwendig. Blutleere Männer können wir nicht gebrauchen. Übrigens rechne ich damit, dass in absehbarer Zeit auch Frauen zum Priestertum ausgebildet werden, das wird noch ein harter Kampf. Aber in zehn, fünfzehn Jahren sind wir bestimmt so weit. – Jetzt aber entschuldigen Sie mich bitte."

■

STAUBER

Der Bischof saß an seinem Schreibtisch, das Gesicht in seine Hände geborgen. Er betete, wie immer vor einer schweren Aufgabe. Seine Gedanken kreisten um die eine Frage: „Gott, was soll ich tun?"

Und er betete: „Zu dem, was ich tun soll, gib mir die Kraft. Amen."

„Ich fahre los", sagte er zu seinem Sekretär, der mit der Terminplanung beschäftigt war.

„Die Schlüssel!" erwiderte Ralf und reichte dem Bischof das Mäppchen für den Golf, der in einer Seitenstraße geparkt war.

„Adios", sagte der Bischof. „Es wird spät werden."

Der Rosenkranz baumelte am Spiegel. Es war der Rosenkranz seines Sekretärs. „Früher", dachte der Bischof, „früher habe ich in schwierigen Situationen immer den Rosenkranz gebetet. Er hat mich ruhig gemacht und mir Sicherheit gegeben. Ich werde Ralf fragen, ob er den Rosenkranz betet. Wir beten ohnedies zu wenig miteinander. Am Morgen, vor dem Frühstück, die Laudes. Aber ist das nicht zu wenig?" Oliver gab Gas und sagte laut: „Wir beten zu wenig miteinander."

Der Bischof lenkte den Golf, es war das Auslaufmodell, auf die Autobahn. Längst hatte im Vereinigten Europa der Unio von VW den Markt erobert; ein verbessertes Swatch-Auto, das nur noch vier Liter Benzin brauchte. Oliver dachte an sein Leben in der Landgemeinde am Rande des Steigerwalds. Eigentlich waren es drei Dörfer gewesen, denen er als Seelsorger diente. Jedes Dorf hatte seine Eigenarten, die es den anderen gegenüber eifersüchtig zu bewahren galt. Da gab es Leute, die zählten genau die Stunden, die der Pfarrer in diesem oder jenem Gemeindeteil zubrachte. Wehe, wenn er bei einem Pfarrfest länger blieb als beim anderen. Der Bischof lächelte; Sorgen hatten die Menschen, die er liebte ... Aber das war vorbei. Schon zu lange vorbei. Jetzt hatte er ganz andere Sorgen.

Wieder wollte ein Mitbruder sein Amt aufgeben. „Eine Frau steckt dahinter!“, hatte man ihm geschrieben. Die anonyme Post in dieser Sache hatte Ralf weisungsgemäß schon vorher in den Papierkorb geworfen. Pfarrer Berand hatte ihm selbst mitgeteilt, dass er mit einer Frau im Pfarrhaus zusammenlebe. Was wissen die Menschen, was alles dahinter steht, bis einer sein Amt aufgibt? Was wissen die Menschen von den bitteren Stunden der Einsamkeit? Du stehst als Priester in der Gemeinde im Mittelpunkt des Interesses, du bist gefordert bis aufs letzte; doch wenn du die Pfarrhaustüre hinter dir zumachst, bist du allein.

Oliver gab Gas und überholte eine lange Reihe von Lkws, die sich die Rhönsteigung hinaufarbeiteten.

42 Jahre alt war Pfarrer Berand, den er aus der Studienzeit kannte. Bewusst hatte der Bischof vor seinem Besuch, den er kurz telefonisch angekündigt hatte, nicht die Personalakte studiert. Er wollte frei sein von dem, was sich in den 14 Priesterjahren des Alfons Berand im Ordinariat an Belastungsmaterial, auch an anonymen Sachen, angesammelt hatte. Er erinnerte sich an seine eigene Akte, die er vor kurzem mit Ärger und Belustigung zugleich gelesen hatte. Da fanden sich Briefe mit den seltsamsten Anschuldigungen, von denen er nie Kenntnis bekommen hatte und deren Verfasser er nicht kannte. Die meisten bezogen sich auf sein ökumenisches Engagement. Die Briefschreiber konnten nicht verstehen, dass Pfarrer Maß mit dem evangelischen Seelsorger Freundschaft geschlossen hatte. Und weil auch der evangelische Pfarrer unverheiratet war, liefen die hinterhältigen Anschuldigungen zur Abwechslung mal in die andere Richtung.

Oliver fuhr in den Pfarrhof ein. Ganz gegen seine Gewohnheit hupte er zweimal und wartete ein wenig, bevor er ausstieg. Als er an der Pfarrhaustüre läuten wollte, wurde ihm schon geöffnet. Eine dunkelblonde Frau, so Mitte dreißig, ein wenig mollig, sagte, und man merkte ihr die tiefe Beklommenheit an: „Herzlich willkommen ... bei uns!"

Sie sagte „bei uns" und machte eine einladende Handbewegung. Pfarrer Berand stand, ein wenig scheu, an der zweiten Türe, die den dienstlichen Teil des Pfarrhauses vom privaten trennte.

Er reichte dem Bischof die Hand. Beide Männer sprachen kein Wort. Auch nicht, als sie im Wohnzimmer einander gegenübersaßen. Oliver schaute sich um. „Gepflegt und gemütlich", dachte er. Und laut sagte er: „Schön haben Sie es hier. Oder sollten wir als Mitbrüder du zueinander sagen, wie früher? Wir sind uns, glaube ich, seit unserer Seminarzeit nicht mehr begegnet?"

„Ich war bei Ihrer, bei deiner Weihe ...", sagte der Pfarrer wie zur Entschuldigung.

„Haben Sie schon etwas gegessen?", fragte Margarethe dazwischen.

„Margarethe, der Bischof wird jetzt nichts essen wollen", unterbrach sie der Pfarrer ein wenig zu schnell.

„Wenn ich ehrlich bin", sagte Oliver, „habe ich einen Mordshunger. Ich habe seit dem Frühstück nichts mehr gegessen und könnte jetzt wirklich etwas Kräftiges vertragen."

Margarethe verschwand in der Küche, und unter den beiden breitete sich wieder ein beklommenes Schweigen aus.

„Jetzt muss er doch endlich anfangen", dachte der Pfarrer. Und der Bischof verwarf in Gedanken alles, was er sich unterwegs überlegt hatte.

„Ich hoffe, du hast heute nichts mehr vor", sagte Oliver schließlich ins Schweigen.

Und der Pfarrer: „Nach Ihrem, Entschuldigung, nach deinem Anruf habe ich alles abgesagt ..."

Wieder Schweigen. Margarethe deckte mit sicheren Händen den Tisch und servierte, als hätte sie bereits alles vorbereitet. „Alfons", meinte sie leichthin, „die Getränke sind deine Sache."

„Ich bevorzuge schwarzen Tee, mit Milch, wenn es geht", sagte der Bischof schnell. „Ich muss noch fahren. Im Gegensatz zu dir habe ich noch einen Besuch vor, in einem Missionskreis. Aber die gehen heute sehr spät auseinander. Es treffen sich einige Missionare, die auf Heimaturlaub sind. Da gibt es viel zu erzählen."

Margarethe brachte den Tee. Sie goss dem Bischof ein, der ihr die Tasse entgegenhielt. Oliver bewunderte ihre Ruhe und Sicherheit. „Was gibt ihr diese Gelassenheit?", dachte er, „sie weiß doch, warum ich gekommen bin. Sie weiß doch, dass dieser Abend eine Entscheidung bringen muss. Eine Entscheidung für beide und die würde schmerzlich sein. Wirklich? Ist eine Entscheidung für das Amt und gegen diese beiden Menschen wirklich jetzt und so nötig?"

Der Bischof strich sich über das Gesicht und stellte fest, dass er nicht nur ratlos, sondern wieder einmal schlecht rasiert war.

„Also, wenn keiner anfängt, dann sage ich, was es zu sagen gibt!" Margarethe hatte das Geschirr beiseite geräumt.

„Wir, Alfons und ich, wir lieben uns seit drei Jahren. Am Anfang schien uns das alles wunderbar und einfach, wie in einem kitschigen Roman. Dann aber stellten wir fest, dass die Liebe mehr will als gelegentliche Treffs und ängstliche, geheime Zärtlichkeiten. Liebe will mehr als ewiges Versteckspiel. Die Liebe verlangt Offenheit und die ganze Entscheidung füreinander. Das machte auch vor uns nicht Halt. Deshalb war für uns beide Anfang dieses Jahres klar: Diese Entscheidung muss jetzt, so oder so fallen. Oder wir zerbrechen daran, dass wir die Liebesgemeinschaft genießen und uns die Lebensgemeinschaft verweigern. Wir haben uns vor die Wahl gestellt: Entweder Schluss oder ich ziehe als Pfarrfrau ins Haus. Nicht als Haushälterin getarnt! Als Frau dieses Hauses! Dann sollten andere die Entscheidung treffen und Schluss machen."

„Wir wussten, dass diese Entscheidung Folgen für meine Tätigkeit als Pfarrer haben würde. Dass es über kurz oder lang das Aus bedeuten würde, für alles, was mir, was uns wertvoll und wichtig ist. Deswegen habe ich geschrieben, bevor es auf irgendeine Weise in Würzburg bekannt würde", fügte Pfarrer Berand hinzu. „Wir wollen den Schlusspunkt nicht selbst setzen, weil wir wissen, dass er letztlich ungerechtfertigt ist. Die Gemeinde akzeptiert unser Zusammenleben. Wir beide möchten gerne heiraten. Die Kirche sagt zu beidem Nein. Welche Wahl bleibt uns eigentlich? Was bleibt als Entscheidung für den Bischof? Wir sind in keiner leichten Situation und wissen nicht, wie es weitergehen soll, aber wir beneiden Sie ..., dich, auch nicht. Margarethe kann in ihren Beruf zurück, aber ich ...?"

Pfarrer Berand lehnte sich in den Sessel zurück, und der Bischof schwieg noch immer.

Oliver drehte seinen schmalen silbernen Bischofsring. „Wozu bin ich eigentlich gekommen?", begann er langsam und wandte sich den beiden zu. „Ich habe weder vorbereitete Papiere bei mir noch Patentrezepte; ich habe keine Entlassungsdrohung noch den üblichen diplomatischen Ratschlag mitgebracht, etwa im Geheimen weiterzumachen. Ich wollte mit euch beiden über die Zukunft sprechen; über eure Zukunft und über die Zukunft dieser Gemeinden, die einen Priester dringend brauchen und den ich ihnen bald nicht mehr geben kann. Fast zwei Drittel der Priester unseres Bistums sind bereits im Rentenalter und das beginnt bei uns ja erst mit Siebzig! Und die Priester im arbeitsfähigen Alter machen mehr den Eindruck gehetzter Manager als von Männern, die eine Frohe Botschaft auszurichten haben. Doch ist der Priestermangel nicht der eigentliche Grund meiner Überlegungen. Entscheidungen aus einer Notsituation heraus tragen im Alltag nicht. Entscheidungen solcher Tragweite müssen ordentlich begründet werden. Die Begründungen liefert uns das Evangelium. Alles andere, vor allem die Berufung auf das Kirchenrecht allein, wäre nicht sauber."

Bischof Oliver stand auf und ging im Wohnzimmer auf und ab. „Am liebsten würde ich euch kirchlich trauen, morgen schon", sagte er schließlich. „Es ist besser, das Recht wird gebrochen ... als Menschen. Wir wissen alle drei, dass das nicht geht, und wir fragen uns dennoch, warum geht es eigentlich nicht? Bin ich zu feige, ein Signal zu geben? Vor wem, außer vor Gott und dem Evangelium, muss sich ein Bischof eigentlich fürchten?"

Oliver setzte sich wieder und fragte: „Wenn ihr ein Plätzchen für mich habt, bleibe ich über Nacht. Es ist besser, wenn ich bleibe. Morgen früh könnte ich hier die Messe halten."

Bevor der Pfarrer etwas erwidern konnte, fragte der Bischof nach dem Telefon: „Ich muss meinen Sekretär bitten, einige Termine abzusagen und zu verschieben. Das hier ist mir jetzt wichtiger ...

... so, und jetzt wäre eine Flasche Wein ganz gut. Es gibt noch einiges zu besprechen."

Pfarrer Berand stieg in den Keller, und Margarethe war bereits verschwunden, um das Gästezimmer herzurichten.

■

Die
Gemeinde
hat nichts
gegen einen
verheirateten
Priester.
Wir sind froh,
überhaupt
noch einen
Pfarrer
zu haben ...

Fast hätte der Bischof die Autobahnausfahrt vor Würzburg verpasst, so sehr war er seinen Gedanken nachgehangen. Der baumelnde Rosenkranz von Ralf schien ihm Zustimmung zu seinen Überlegungen zu signalisieren: „Einer muss den Anfang machen und Widerstand leisten gegen ein unmenschliches und unchristliches Gesetz."

Bischof Oliver hatte mit Pfarrer Alfons Berand die morgendliche Messe gemeinsam gefeiert. Erstaunlich viele Leute waren zu diesem Werktagsgottesdienst gekommen. Vor allem ältere Frauen, aber auch junge Mütter und eine Handvoll Kinder. Jungen und Mädchen versahen den Altardienst (und rannten anschließend zum Schulbus), zwei Frauen lasen Lesung und Fürbitten, ein älterer Mann – der Kirchenpfleger, wie sich später herausstellte – brachte die Messintentionen zum Altar und trug die Gebetsbitten der Gemeinde vor, darunter auch eine „Für unseren Pfarrer ...!" Als der Bischof mit dem Pfarrer und der Gemeinde – Margarethe saß in der dritten Reihe – den Friedensgruß tauschte, öffnete sich die Kirchentüre: Der Bürgermeister kam; offensichtlich hatte ihn jemand darüber informiert, dass der Bischof da sei ...

„Wir brauchen unseren Pfarrer und wollen ihn behalten."

Diese Worte des Bürgermeisters hatte der Bischof mit auf den Heimweg genommen. Und auch dieses: „Die Gemeinde hat nichts gegen einen verheirateten Priester. Wir sind froh, dass wir überhaupt noch einen Pfarrer haben. Und wie Margarethe mit den Kindern in unseren Dörfern umgeht! Die Kinder in den Gemeinden sind unser ganzer Stolz; ich hoffe, Sie haben das bemerkt. Um Gottes Willen lassen Sie uns die beiden."

„Um Gottes willen, lassen Sie uns die beiden!“ Wenn das so einfach wäre! In Lateinamerika waren im letzten Jahr einige Bischöfe aus der Zölibatsfront ausgebrochen. Sie hatten es gewagt, Priester mit Frauen nicht nur im Amt zu behalten. Sie hatten sie auch kirchlich getraut oder ihrer Eheschließung zugestimmt. In Mexiko, Chile, Peru und Bolivien sollen es bereits über zweihundert Priester sein, die im Frieden mit ihrem Bischof als Verheiratete weiter das Evangelium verkünden, die Eucharistiefeiern leiten und die Sakramente spenden können. Zwei Bischöfen drohte Rom mit der Amtsenthebung; aber andere hatten sich mit den Betroffenen solidarisiert, so dass im Augenblick an der Zölibatsfront gespannte Ruhe herrschte. Johannes Paul III. wollte im Gegensatz zur Kurie, die für ein unnachsichtiges Durchgreifen war, im Zukunftserdteil der Kirche keine ernsthafte Spaltung nur wegen des Zölibats.

In Deutschland, in ganz Europa hatte noch kein Bischof gewagt, aktiv gegen den Pflichtzölibat vorzugehen, mit Ausnahme von Jacques Gaillot, dem Bischof von Évreux, dem Schwarzen Schaf unter den Bischöfen Frankreichs; er hatte vor kurzem seinen 65. Geburtstag gefeiert und dazu als einzigen Bischof Oliver Maß eingeladen. Gaillot hatte sich in Paris von der Spiritualität der „Kleinen Brüder und Schwestern Jesu“ von Charles de Foucauld anstecken lassen. Vom Bischof von Évreux stammt das Wort: „Was mich betrifft, so stelle ich eine große Forderung auf: den Respekt vor dem anderen.“

Gaillot nahm kein Blatt vor den Mund, sagte beispielsweise die Begleitung des Diözesanpilgerzugs nach Lourdes ab, nur um einen Strafgefangenen in Südafrika zu besuchen, tauchte spontan in Fabriken auf, um mit den Arbeitern zu sprechen und übernachtete bei einem von ihnen, weil er nur so das Gespräch über Gott und die Welt zu Ende führen konnte. Fast vierundzwanzig Stunden blieb der

Bischof damals verschwunden, sehr zum Kummer seines Generalvikars.

Aus diesen Erfahrungen heraus schrieb Jacques Gaillot: „... dass eine brüderliche Gemeinschaft, die betet und sich engagiert, nicht ausreicht, diese neuen ‚Milieus', die der Kirche fremd sind, zu beeinflussen. Alles Bemühen um den Religionsunterricht, die Vorbereitung auf die Sakramente, die Ausbildung, die liturgischen Feiern und die Öffnung der Gemeinden genügt nicht, um dem Sendungsauftrag gerecht zu werden. Das eigene Haus zu pflegen ist notwendig, aber ebenso notwendig ist, zu den anderen zu gehen und in ihrem Haus zu wohnen. Der Auftrag Jesu verlangt Aufbruch. Wer aufbricht, lässt jene, die im Haus zurückbleiben, nicht im Stich. Die Botschaft der Befreiung gilt allen. Es ist Zeit, sich zu freuen und sich zu öffnen."

Oliver war mit großer Begeisterung von der unkomplizierten und offenen Geburtstagsfeier in einem dörflichen Pfarrsaal zurückgekehrt. Jacques Gaillot hatte es geschafft, tatsächlich alle von den Hecken und Zäunen in sein Haus einzuladen. Da feierten Landstreicher und Berber mit staatlichen und kirchlichen Honoratioren, Tunesier standen bei Abgeordneten und hatten endlich einmal die Möglichkeit, sich direkt über ihre Nöte zu unterhalten. Auch das ganze Dorf war mit Kind und Kegel versammelt. Es gab Rotwein, Weißbrot und Käse, sonst nichts. Aber das in großen Mengen. Diese bunte, quirlige Menge von Menschen machte Oliver Spaß, vor allem als er bemerkte, dass sein armseliges Französisch kein Hindernis war, sich glänzend zu unterhalten. Und noch eines erfüllte Oliver mit unheimlichem Vergnügen: Ein ziemlich ratloser französischer Generalvikar, der sich darüber beklagte, dass er vor lauter Überraschungen, die dem Bischof einfielen, nicht mehr ruhig schlafen könne. „Ein chaotischer Bischof", jammerte Monsieur Chalet, „es geht bei uns in Évreux zu wie im Evangelium ..."

STAUBER

Zur Zölibatsfrage gab es zwar vorsichtige Äußerungen, dass man sich auch verheiratete Priester vorstellen könnte, und einige Diözesansynoden hatten zwischen 1990 und 2000 entsprechende Voten verabschiedet; selbst die Bewegung für „Frauen in die Kirche“ konnte mit dem Vorsitzenden der Deutschen Bischofskonferenz ein offenes Gespräch über das „Priestertum der Frau“ führen; aber in der Sache selber bewegte sich nichts. Beim ersten Gespräch der deutschen Bischöfe mit dem neuen Papst vor drei Jahren – Oliver dachte damals noch nicht daran, dass er selber eine so schwere Aufgabe übernehmen musste – war der Zölibat nicht einmal ein Thema; man hatte es auch nicht gewagt, dem Papst vorzuschlagen, Frauen zum Diakonat zuzulassen. Nach wie vor verlor die Kirche wegen ihrer Kompromisslosigkeit Priester. „Und nicht gerade die schlechtesten“, hörte sich Bischof Oliver laut sagen. Der lautlose Auszug der Frauen aus der Kirche war nachgerade beängstigend geworden.

„Wie viel Unehrlichkeit, Verlogenheit und Würdelosigkeit hatte die verordnete Ehelosigkeit über die katholischen Priester gebracht“, dachte Oliver weiter. „Abtreibung, Totschlag und sogar Mord. Und das alles, um eines Gesetzes willen, das mehr politische Gründe und sexualfeindliche Motive hinter sich hatte als theologische Begründungen.“

Wie hatte ihm eine Frau erst in der letzten Woche geschrieben: „... Beim Hl. Abendmahl war auch keine Frau zugegen, nicht einmal seine Hl. Mutter“ (als wäre das „Abendmahl“ von Leonardo da Vinci ein beweiskräftiges Foto!). „Der Heiland wird schon gewusst haben, warum er keine Frau zum Priestertum berufen hat. Genauso wenig mag unser Herr verheiratete Priester. Wer eine Frau angerührt hat, hat seine Weihe beschmutzt. Der ist für mich kein Priester mehr; nicht einmal beim Sterben dürfte er mir beistehen, denn er hat Gott um einer Frau willen verraten.“

„Die Kirche ist selber schuld“, dachte der Bischof, „wenn ihre Christen solche Ansichten äußern. Wer die Geschichte unterdrückt, wird durch die Geschichte bestraft“.

Bischof Oliver sinnierte: „Warum haben wir den Christen nicht gesagt, dass in der frühen Kirche Frauen sehr wohl in der Gemeindeleitung standen? Paulus, der ‚Frauenfeind‘, legt selber eine Liste von Frauen vor, eine davon wird sogar ‚Apostolin‘ genannt, die eine große Rolle in der Kirche vor Ort gespielt haben. Warum haben wir nicht darauf hingewiesen, dass die Ehelosigkeit des Priesters auch nach dem ersten Jahrtausend noch nicht durchgesetzt war? Warum haben wir zu wenig oder nie auf das positive Beispiel der Ostkirchen hingewiesen, denen in den zweitausend Jahren der verheiratete Priester keineswegs geschadet hat? Warum haben wir all das unterschlagen? Jetzt bekommen wir dafür die Quittung einer unbestechlichen Geschichte“.

Oliver stellte das Auto ab. Highlife in der Bischofswohnung. Oliver hörte es schon, als er noch im Treppenhaus war. Irgendwann würden sich die Mitbewohner beschweren über das, was sich so in seiner Wohnung bei Tag und oft genug auch noch am späten Abend abspielte. Er seufzte, wenn er an sein relativ ruhiges Landpfarrhaus dachte. Ein bisschen sehnte er sich nach den ruhigen Abend- und Nachtstunden zurück, die er im Steigerwald noch ein- oder zweimal die Woche hatte genießen können.

Als die Mieter in der Frankfurter Straße erfuhren, wer der Neue in der Wohnung im dritten Stock sei, zeigten sie freundliche, aber vornehme Zurückhaltung. Niemand von ihnen schien sonntags in die Kirche zu gehen; jedenfalls hatten weder Ralf noch er in dieser Richtung etwas bemerkt. Aber es gab freundschaftliche Zeichen. Irgendjemand im Haus brachte die Mülltonnen an den Straßenrand oder zurück, wenn Ralf es versäumt hatte; die Zeitungen lagen regelmäßig bereits vor sechs Uhr an der Wohnungstür, und erst in der letzten Woche nahm ein junger Mann, der im Dachgeschoss ein möbliertes Zimmer hatte, den Bischof mit in die Stadt. Oliver hatte den Eindruck, dass sein Fahrer über den Mitbewohner bestens informiert war. Das war sein Vorteil; der Bischof wusste im Gegensatz dazu von dem Jungen nichts ...

Ein Schwung „Pastis", Kolleginnen und Kollegen von Ralf, empfingen den Bischof. Sie hatten kurzerhand ihr Treffen aus dem Zentrum hierher verlegt, weil Ralf ohnedies nur schwer aus dem Sekretariat loskommen konnte. Oliver zog sich in sein Arbeitszimmer zurück. Ralf hatte die Post vorsortiert. Private und „Fanpost" auf der einen Seite, Dienstliches auf der anderen und alles mit der Bemerkung „Sofort!" lag in der Mitte.

„Essen Sie eine Pizza mit?" Ralf stand unter der Türe.

„Zum wievielten Male gibt's in diesem Monat schon dieses Zeug?", fragte der Bischof ein wenig grantig zurück. „Meinetwegen, aber keine von der schärfsten Sorte! –

Ralf, ich brauch' dich vor dem Essen noch für eine gute Stunde, damit die Post fertig wird."

Sie
zehren
jetzt ihre
Verdienste
auf,
die sie
in hundert
Jahren
gesammelt
haben ...

„Der Konflikt ist programmiert“, sagte der Bischof zu Ralf, als die Post erledigt war. „Da ist noch die Einladung von Afrieda, der Generaloberin der Barmherzigen Schwestern. Die ehrwürdige Frau hat schon einen umfangreichen Programmvorschlag gemacht und dezent darauf hingewiesen, dass ihre Gemeinschaft nicht bischöflichen, sondern päpstlichen Rechts sei. Auf gut deutsch: Ich bin nur zur Besichtigung eines ‚Caritas-Museums‘ eingeladen; zu sagen habe ich bei den guten Schwestern nichts.“ Oliver bemerkte das nicht ohne Bitterkeit. Diese versteckte Ablehnung hatte er schon von den verschiedensten Einrichtungen seines Bistums erfahren müssen. Für viele war er kein echter Bischof, nicht nur, weil er bei seinen Amtshandlungen auf Mitra und Stab verzichtete und das bischöfliche Hausgewand, das er sich leichtsinnigerweise vor seiner Weihe hatte schneidern lassen, im Schrank hängen blieb. Er hatte, wie es ein Pfarrgemeinderatsvorsitzender in seiner Begrüßungsansprache durchaus positiv anmerkte, rein gar nichts Bischöfliches an sich.

Irgendwann im 12. Jahrhundert war die Mitra, der Bischofshut, aus einer Haube römischer Würdenträger entstanden. Die beiden Spitzen der Mitra, so wurde das Werk eines guten Hutmachers später gedeutet, symbolisieren das Alte und das Neue Testament. Solcherart ausgestattet sollte ein Bischof seinen Gegnern als „Furcht erregend erscheinen“.

Oliver hielt von solchen Demonstrationen der Abschreckung nicht viel. Deswegen verzichtete er auch auf den Stab, für den vergangene Bischofsgenerationen Unsummen ausgegeben hatten. Er trug nur das einfache Brustkreuz aus Lindenholz; das eingeschnitzte Christusmono-

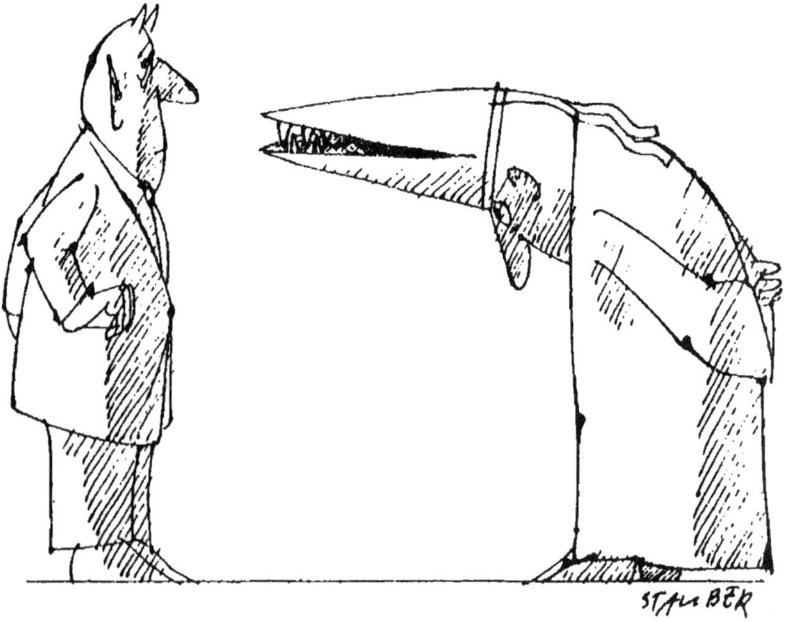
STAUBER

gramm war vergoldet. Pfadfinder hatten ihm das Kreuz vor Jahren auf einem Zeltlager zum Geburtstag geschenkt. Die Kette aus Gold war das einzig Wertvolle seiner bischöflichen Ausstattung; er trug sie nur im Pontifikalamt; überdies war sie das Geschenk eines befreundeten Goldschmieds.

Oliver Maß wurde auch deswegen nicht als Bischof akzeptiert, weil er nicht verordnete, sondern einen demokratischen Stil durchgesetzt hatte. Er hörte erst lange zu, bevor er etwas entschied. Das brachte ihm bei den Gehorsam gewohnten Beamten des Ordinariats den Ruf ein, zögerlich zu sein; es dauere alles einfach zu lange, wurde gerne behauptet. Diesen Vorwürfen trat der Bischof mit dem Wort gegenüber: „Wer verwaltet wird, leidet, wer entscheiden kann, arbeitet." Im übrigen hatte er durchgesetzt, dass alle Post innerhalb Wochenfrist beantwortet wurde; auch mit seiner Privatpost hielt er es so.

Der Bischof drehte seinen schmalen Silberring an der linken Hand, wie er es sich in der letzten Zeit angewöhnt hatte, und dachte laut: „Die Nonnen in ihrem Riesenkloster sitzen abgehoben unter ihrem geistlichen Dach und bemerken gar nicht, dass die Zeit an ihnen längst vorübergegangen ist. Die guten Schwestern zehren alle ihre Verdienste auf, die sie in hundert guten Jahren angesammelt haben: Sie versorgen und verwalten nur noch sich selbst und ihren großen Besitz. Die einzelnen Schwestern in Krankenhäusern und Altersheimen schinden sich kaputt, sie werden hin- und hergerissen zwischen der Aufgabe, die ihnen gestellt ist, und den religiösen Anforderungen, die sie kaum erfüllen können bei dem Maß an Arbeit, das ihnen abverlangt wird. Die oberste Leitung aber ..."

Oliver dachte dabei auch an seine schwerste Aufgabe, die Neuorganisation des Ordinariats ... Aber dafür war jetzt noch nicht die Zeit.

Er machte eine heftige Bewegung zu Ralf, als müsse er sich zusammenreißen: „Wir sollten mit einigen jüngeren Schwestern reden, bevor wir die Einladung annehmen! Ich kenne Reformwillige, die sich allerdings derzeit nicht durchsetzen können; sie dürfen wir nicht fallen lassen. Denn diese Schwestern leiden unter ihrem überholten System genauso wie wir."

Ralf schlug einen Termin vor, den er im Kalender des Bischofs gefunden hatte.

„Ich bin damit einverstanden, wenn wir zu diesem Gespräch auch eine Vertreterin des Mutterhauses einladen", schloss Oliver das Gespräch. „Ich möchte nichts hinter dem Rücken der ehrwürdigen Afrieda tun."

„Die Betriebsratsvorsitzenden der drei großen Firmen in Schweinfurt bitten um bischöfliche Schützenhilfe für den Erhalt des freien Wochenendes." Ralf mahnte auf dezente Weise die weiteren Schritte für einen Hirtenbrief an, der für die Fastenzeit fällig war. Sein Thema „Attentat auf den Sonntag – Anschlag auf den Menschen" hatte Bischof Oliver schon vorgegeben und in verschiedenen Arbeitsgemeinschaften vom Frauenbund bis zur KAB, von Kolping bis zu den „Geschäftsleuten des vollen Evangeliums", beraten lassen. Jetzt ging es um die Endfassung. Der Hirtenbrief sollte nicht nur in den Gottesdiensten vorgelesen werden; einen Abdruck sollten alle Interessierten erhalten können. Vor allem war an die Führungskräfte der Wirtschaft wie der Gewerkschaften gedacht. Deswegen war nicht nur der Text wichtig. „Wir brauchen noch einen guten Graphiker", meinte Ralf. „Die bisherigen Vorschläge sind mir zu brav. Übrigens ist es uns gelungen, das Team für die Endredaktion um einen Psychologen und einen Biologen zu erweitern."

■

Als sie den Vers 18 gelesen hatten – er steht beim Propheten Jeremia im 14. Kapitel – unterbrach Bischof Oliver die Laudes, das gemeinsame Morgengebet. Er legte großen Wert darauf, dass die Hausgemeinschaft sich am Morgen versammelte, miteinander betete und meditierte. Heute waren neben Verena und Ralf zwei seiner Studienkollegen und auch Pfarrer Berand da. Der hatte in der Nacht mit dem Bischof ein langes Gespräch geführt. Entsprechend müde sahen beide, der Bischof und der Pfarrer, aus.

„Ja, auch Priester und Propheten werden verschleppt in ein Land, das sie nicht kennen." Die Gäste schauten ein wenig verwundert aus ihrem Brevier auf; Ralf und Verena waren es bereits gewohnt, dass Oliver sich laut zu dem äußern konnte, was er betete. Sie erfuhren bei dieser Gelegenheit so manches aus dem Innenleben des Bischofs, das er sonst nicht so leicht aus sich herausließ. Sie hatten gelernt, mit ihm weiterzudenken, wenn sie mit ihm beteten. Und doch wurden sie immer wieder von seinen Gedankengängen überrascht.

„Ich fühle mich manchmal so richtig in ein Land verschleppt, das ich weder kenne noch mag. Das Schlimme ist, dass ich Wegweiser sein soll in diesem neuen Jahrtausend. Da sind die vielen Außenstehenden, die von mir immerhin etwas erwarten, und da sind die noch knapp zehn Prozent Frommen, die von mir gar nichts erwarten ... Für wen bin ich eigentlich Bischof? Was haben uns die letzten zehn Jahre gebracht? Die Verwaltung ist nach wie vor Spitze; die Seelsorge vielerorts am Ende. Wir verwalten den Mangel, und die wenigsten machen sich darüber Gedanken, was geschieht, wenn in einigen Jahren, wie der Bundestag beschlossen hat, die Kirchensteuer in der bisherigen Form wegfällt. Noch stimmt das Geld ..."

„Wir verwalten den Mangel", der Bischof wiederholte seinen Gedanken. „Priestermangel, Mangel im Ordensnachwuchs, Mangel an Geist und Ideen, leere Kirchen. Die Kirche sitzt in einer selbstverschuldeten babylonischen Gefangenschaft und beklagt sich darüber, von allen Seiten eingeschlossen zu sein. Nur meine Behörde fühlt sich recht wohl dabei; Jahr für Jahr steigen die Personalausgaben und noch die Kirchensteuereinnahmen. Eine Verwaltung, die sich selbst genügt. Wahrscheinlich würden sie es nicht einmal bemerken, wenn sie über Nacht für ein ganz anderes System arbeiten müssten ..."

„Verena", der Bischof unterbrach sein Selbstgespräch zur Schwester gewandt. „Erinnere mich beim Frühstück an die Betriebsbesichtigung bei den Barmherzigen Schwestern. Ich muss noch einige Sätze in dieser Sache mit dir reden."

Dann betete er weiter: „Wir hoffen auf Heil, doch es kommt nichts Gutes, auf die Zeit der Heilung, doch ach, nur Schrecken."

Und die kleine Gemeinde antwortete mit dem Propheten: „Wir erkennen, Herr, unser Unrecht, die Schuld unserer Väter. Ja, wir haben gegen dich gesündigt."

■

Oliver hatte sich bei den Barmherzigen Schwestern durchgesetzt. Jedenfalls was das Programm anlangte. Es begann in der Krankenstation der Gemeinschaft. Dort traf er viele Schwestern, die er in seiner Laufbahn als Kaplan und Pfarrer kennen gelernt hatte. Blitzblank und steril war alles. Man konnte sich gut vorstellen, wie intensiv der Besuch des Bischofs vorbereitet worden war. Es roch förmlich nach Sauberkeit, nach Essig und Sagrotan. Diesen aufdringlichen Geruch hatte Oliver schon immer gehasst, weil er ihm so sehr nach Ungastlichkeit schmeckte. Aber er ließ sich nichts anmerken.

„Oliver, kennst du mich nicht mehr?“ Mühsam richtete im Dreibettzimmer eine zierliche Gestalt die Frage an den Bischof, als er schon im Gehen war.

„Schwester Leonora!“. sagte die Krankenmeisterin streng. „Ich muss Sie sehr bitten!“

Aber Oliver hatte sich schon zu ihr an den Bettrand gesetzt. Leonora, das war eine hoffnungsvolle, junge Schwester aus seiner letzten Gemeinde.

„Seit wann?“, fragte er nur.

„Seit sechs Wochen“, flüsterte Leonora mühsam. „Ich weiß nicht, was mit mir los ist. Die Ärzte sind ratlos.“

Die Krankenmeisterin zog die Augenbrauen zu einem harten Strich hoch. Offensichtlich wusste sie mehr als die Schwester und die Ärzte.

„Ich komme bald wieder“, versprach der Bischof. „Ich wünsche dir inzwischen viel Kraft.“

Dann feierte Oliver mit der Kongregation Eucharistie. Die Kirche im Innenhof des Klosterkomplexes war übervoll. Das konnte über die wahre Situation der Schwesterngemeinschaft nicht hinwegtäuschen. Von der großen Gemeinschaft – in der Nazizeit waren allein in der Diözese Würzburg über 3 000 Schwestern tätig – waren noch weniger als 600 übrig geblieben; die meisten davon über 65 Jahre alt. Zur Enttäuschung der Generaloberin Afrieda und der Ratsschwestern trug Oliver auch bei diesem Gottesdienst keine Mitra. Die Schwester, die mit weißen Handschuhen versehen worden war und den Bischofsstab halten sollte, hatte ebenfalls nichts zu tun, und stand bis nach der Predigt unentschlossen im Altarraum.

Bei der Tageslesung musterte Oliver seine Rivalin. Die Generaloberin thronte in der ersten Bankreihe der Mutterhauskirche. Obwohl es keinerlei Erhöhung gab, erhob sie sich doch sichtbar über alle Schwestern. „Eine harte Frau“, dachte der Bischof. „Ob sie die Zukunft der Gemeinschaft sein kann? Wer sollte bei solchen einseitigen und festgelegten Persönlichkeiten überhaupt noch Lust auf ein Leben im Kloster bekommen können? Begeistern konnte Afrieda sicher keinen einzigen Menschen, bestimmt aber viele beherrschen."

Eine Schwester las die Epistel mit unnatürlich erhobener Stimme: „Unsere Befähigung stammt von Gott. Er hat uns fähig gemacht, Diener des Neuen Bundes zu sein, nicht des Buchstabens, sondern des Geistes. Denn der Buchstabe tötet, der Geist aber macht lebendig ..." (2 Kor 3, 6 ff).

„Diener des neuen Bundes?" – Es war doch kein einziger Mann in der Kirche, außer ihm und seinem Sekretär, stellte Oliver fest.

Afrieda ihrerseits beobachtete den Bischof. Sie hielt den Kopf gesenkt, so als trüge sie noch die vorkonziliare Tracht mit dem steifen Halbmondkragen, aber es entging ihr keine seiner Bewegungen. Sie war entschlossen, diesem Bischof von Anfang an Widerstand zu leisten. Nur mit unerbittlicher Härte, so glaubte sie, war ihre Kongregation noch zu retten. Es galt die gegenwärtige schwere Zeit zu überstehen. Drei, vier Jahre vielleicht. Es musste ganz einfach wieder besser werden. Wie pflegte der alternde Spiritual bei jeder Recollectio zu sagen: „Liebe Schwestern. Die Kirche hat schon schlimmere Zeiten überstanden." Und sie selber fügte dann hinzu: „Die Jugend wird schon wieder lernen müssen, wie wichtig Opferbereitschaft, Verzicht und Ordnung sind. Dann werden wir auch wieder Nachwuchs haben."

Die Lektorin las inzwischen zu Ende: „Weil wir eine solche Hoffnung haben, treten wir mit großem Freimut auf ..." (2 Kor 3, 12).

Die
Krankenhäuser
sollen
euer Kloster
sein,
eine
Mietwohnung
eure Zelle ...

Zum Beginn seiner Predigt wiederholte Bischof Oliver den letzten Satz der Lesung und zitierte dann aus der Regel des Vinzenz von Paul, des Gründers der Barmherzigen Schwestern: „Die Krankenhäuser sollen euer Kloster sein, eine Mietwohnung eure Zelle, die Pfarrkirche eure Kapelle. Die Straßen und Wege der Stadt seien euer Kreuzgang, der Gehorsam sei die Klausur, die Gottesfurcht das Gitter, die Bescheidenheit euer Schleier ..."

Während er die alte Regel zitierte, kreisten in Oliver die Gedanken: Noch weiter als Vinzenz war einige hundert Jahre vorher der Benediktiner Matthäus Parisiensis gegangen, als er über die Franziskaner schrieb, die das reiche und selbstzufriedene Leben im Kloster ablehnten: „Die Welt ist ihre Zelle und der Ozean ihr Kloster". Sie wollten allein geborgen sein in der Güte und im Erbarmen Gottes. Deswegen fügte Jacques de Vitry dieser Regel hinzu: „Aber all das erfordert einen erwachsenen Glauben."

Der Bischof machte eine kleine Pause und fragte dann: „Was haben wir aus dieser Regel des Heiligen, der vor 340 Jahren gestorben ist, gemacht? Haben wir nicht seine Regel, die uns Aufgeschlossenheit für die Nöte der Menschen abverlangt, ins glatte Gegenteil verkehrt? Wo sind wir an der Welt um uns schuldig geworden, die nach wie vor auf unseren besonderen Dienst wartet? Kann es sein, dass es deswegen für viele unserer Schwestern- und Brüdergemeinschaften keine Zukunft mehr gibt? Ist unser Glaube noch so unreif, dass wir keine Antwort wissen auf die Frage, was Gott heute von uns will? Gott erwartet von uns einen freien, erwachsenen Glauben ... Was vor Gott nicht mehr bestehen kann, wird vergehen", schloss der Bischof mit fester Stimme.

Afrieda zuckte unmerklich zusammen, blieb aber nach außen gelassen und blätterte in ihrem Stundenbuch. Nach einem langen Schweigen, das den Versammelten buchstäblich an den Nerven zerrte, zitierte Oliver noch einmal die einprägsamen Sätze des Vinzenz von Paul, und stimmte dann unvermittelt ein gesungenes „Herr, erbarme dich" an. Die Nonnen antworteten sehr zögernd mit „Christus, erbarme dich"; lediglich aus der letzten Reihe, dort wo die zwei Kandidatinnen und die eine Novizin Platz gefunden hatten, klang es kräftiger, so dass sich die Novizenmeisterin gegen ihre strenge Gewohnheit missbilligend umwandte. Doch die Antwort kam aus der letzten Reihe um so deutlicher: „Herr, erbarme dich unserer Zeit!"

Das Abendessen war von einer würdevollen Gleichgültigkeit geprägt. Die Küche hatte zwar, wie üblich, das Beste aufgeboten; es gab geräucherte Rhönforelle mit Apfelmeerrettich und Butterkartoffeln. Aber man merkte diesem Mahl sehr die Routine und die geschäftsmäßige Gastfreundschaft an. Ausgesuchte Schwestern bedienten den Bischof und ließen sich von ihm in keinerlei Gespräch verwickeln. Sie antworteten auf alle Fragen in einer Art abweisender Bescheidenheit, die im Noviziat angelernt war, mit Ja oder Nein oder Danke. Das war alles.

Auch der Dank der Generaloberin für den bischöflichen Besuch fiel entsprechend kurz und förmlich aus. Nach dem Tischgebet, das eine ältere Schwester wieder in einem merkwürdigen Singsang angestimmt hatte, und dem Segen durch den Bischof, sagte Afrieda nur: „Wir wissen um die vielen Aufgaben eines Bischofs. Deswegen wollen wir seine wertvolle Zeit nicht weiter in Anspruch nehmen. Schwestern, gehen Sie bitte auf Ihre Zimmer! Die nächtliche Anbetung zur Sühne für die Sünden draußen in der Welt" – sie sagte diesen Satz nicht ohne besondere Schärfe – läuft im ausgeschriebenen Turnus, den Sie alle kennen ... und, wir wollen heute bei der Anbetung besonders für den Bischof beten!“

Afrieda sagte „für den“ Bischof und nicht „für unseren“ Bischof.

Oliver registrierte diesen Stich ohne sichtbare Bewegung. Er verließ das Kloster so schnell, dass ihm die Generalassistentin, die ihn auf den endlosen Gängen zur Pforte begleiten wollte, kaum folgen konnte. Sr. Maxima schloss hinter dem Bischof das schwere Portal und lauschte ein wenig dem dumpfen Schlag nach, als es ins Schloss gefallen war. Sie ahnte in ihrem wachen Gespür, dass damit das Ende der Barmherzigen Schwestern geschlagen hatte. So jedenfalls schrieb sie es in ihr Tagebuch, das sie ohne Wissen ihrer Oberen führte.

■

Nach seiner deutlichen Abfuhr in der Kongregation gab es für Bischof Oliver keine Zeit mehr zu verlieren. Schon am nächsten Abend saßen zur späten Stunde zehn junge Leute mit ihm zusammen; sieben Frauen und drei Männer. Die zwei Kandidatinnen und die Novizin aus dem Kloster der Barmherzigen Schwestern waren ebenfalls gekommen. Sie trugen keine Tracht mehr, und das war unter der derzeitigen Generaloberin gleichbedeutend mit ihrem Austritt aus der Gemeinschaft.

Bischof Oliver begann das Gespräch mit einem Wort des großen Heiligen der Nächstenliebe, Vinzenz von Paul: „Man lässt Gott nicht im Stich, wenn man zu einem Armen geht. Denn bei ihm findet man ihn wieder. Das ist Gottesdienst.“ Wie es bei Oliver üblich war, machte er eine längere Pause, damit jeder nachdenken konnte. Dann sagte er: „Wir wollen zusammen überlegen, wo heute die Armen

STAUBER

sind, zu denen wir gehen müssen und wie wir ihre Not mittragen können. Wir brauchen in unserem Bistum wieder eine zeitgemäße Gemeinschaft, die dort hilft, wo sonst niemand hilft. Alles andere können wir den traditionellen Gruppen überlassen. Und wir brauchen vor allem eine Gemeinschaft, in der Menschen nicht zerbrechen müssen, sondern nach der Freiheit leben können, die das Evangelium uns schenkt."

„Ich kann mir die neue Gemeinschaft nur als Gruppe vorstellen, in der Männer und Frauen zusammenwirken und zusammenwohnen", begann Toni. „Und das nicht unbedingt für immer, sondern für eine bestimmte Zeit. Ich weiß nicht, wo ich in zehn Jahren stehe und was ich dann wirklich will."

Nicole konterte sofort: „Eine Gemeinschaft nach Belieben also? Wo bleibt dann die Stabilität der Gruppe? Der Arme wird zum Objekt von Lust und Laune. Ich bin da schon eher für zwei Formen: Der Kern der Gemeinschaft müssten Männer und Frauen sein, die sich in aller Freiheit, aber für immer verpflichten; dazu könnten noch andere kommen, die sie in ihrem Einsatz für einige Jahre unterstützen."

„Geht es nicht zuerst um die Frage: Wer sind heute die Armen, und dann darum, wie kann ihnen zweckmäßig und christlich geholfen werden?", warf Christa ein.

Andy, der bereits seit Jahren bei den Maltesern ehrenamtlich Dienst tat, sagte: „Da ist einmal der asoziale Rest, Entschuldigung, ihr versteht, was ich meine, jene Menschen, die bei den großen Aus- und Übersiedlerströmen vor zehn Jahren übrig geblieben sind, weil sie keine Kraft oder keinen Willen hatten, sich unter uns durchzusetzen. Dann die Aidskranken, die meistens isoliert vegetieren, bis ihr Ende gekommen ist; die Drogenabhängigen und Alkoholkranken gehören in den gleichen Bereich. Und schließlich die Riesengruppe der allein Erziehenden: Jede dritte Ehe ist heute kaputt. Was das für die Kinder und Jugendlichen bedeutet, wissen wir alle."

Es war sehr spät geworden, bis Bischof Oliver, der ruhig zugehört und sich gelegentlich Notizen gemacht hatte, das erste gemeinsame Suchen mit einem Wort, wieder von Vinzenz, beendete: „Je tiefer einer erfährt, dass Gott unsere Fehler erträgt, desto mehr ist er bereit, die Lasten zu tragen, die der andere ihm auflädt. Hier in dieser Welt kann nie alles nach unserem Wunsch gehen, egal wo wir leben und welchen Beruf wir haben. Im Gegenteil: Unser Herr lässt es zu, dass wir immer wieder Schwierigkeiten haben, um uns loszulösen von der Welt und auf den Weg zu Gott zu führen. Echte Gemeinschaft zeigt sich darin, dass der eine dem anderen behilflich ist auf dem Weg zu Gott, dass wir einander ertragen und vor allem um Frieden und Eintracht bemüht sind."

An diesem Abend lag der Bischof noch lange wach. Weder die Komplet, das kirchliche Nachtgebet, noch der Rosenkranz konnte ihn, wie sonst, in den Schlaf befördern. Es gab viele junge Leute in seiner Diözese mit großem Idealismus. Das wusste er aus den Gesprächen, die er nach den Gemeindebesuchen in Pfarrzentren und Wirtshäusern führte. Aber er zweifelte daran, ob es gelingen würde, genügend Kräfte zu finden, um die gewaltigen Aufgaben anzugehen. Schließlich stand er auf und versuchte, Gedanken für einen Brief niederzuschreiben, den er den jungen Christen seines Bistums schicken wollte. Als er sich nach zwei Stunden endlich erschöpft ins Bett legte, fand sich auf den Zetteln, die den Schreibtisch übersäten, kein einziger brauchbarer Satz.

Oliver saß im Golf, den er mit Ralf gemeinsam benutzte. Ihm fiel auf, dass der Rosenkranz nicht wie sonst am Innenspiegel baumelte, das beunruhigte ihn, ohne zu wissen, warum. Die Straße, auf der er fuhr, wurde immer schmaler, sie verengte sich schließlich zu einem Hohlweg. Die Geschwindigkeit seines Wagens erhöhte sich, obwohl er den Fuß längst vom Gaspedal genommen hatte. Die Bremse war nicht zu finden, die Kupplung funktionierte nicht. An den Rändern des schmalen Wegs, rechts und links, standen Nonnen mit kalkweißen, abweisenden Gesichtern. Sie drängten sich so nahe an die Fahrbahn, dass der Weg fast unpassierbar wurde. Plötzlich wurde ihm eine Schwester direkt vor den Wagen gestoßen. Er erschrak, als er ihr Gesicht vor dem Frontfenster sah. Es war Leonora.

Bevor das vor Schreck weitaufgerissene Gesicht am Autofenster unweigerlich zerschmettern musste, wurde Oliver durch Telefonklingeln aus seinem bösen Traum gerissen. „Schwester Leonora ist vor einer Stunde gestorben“, sagte die Krankenmeisterin mit unbeteiligter Stimme. „Sie hatte gestern Abend noch nach Ihnen verlangt, aber ich konnte Sie doch deswegen nicht stören.“

„Danke!“

Oliver musste sich beherrschen; ohne ein weiteres Wort legte er den Hörer auf. „Wie kleinlich gerade Menschen sein können, denen die Nächstenliebe besonders aufgetragen ist“, dachte der Bischof. Bis zur letzten Minute hatte die Krankenmeisterin ihre kleine Macht über Schwester Leonora ausgekostet. Er murmelte die Worte der Schrift vor sich hin: „Hören sollen sie, hören, aber nicht verstehen, damit sie sich nicht bekehren und ihnen nicht vergeben wird“ (vgl. Mk 4, 12).

■

HIRTENBRIEF

„Gut, ich bin Bischof der katholischen Kirche“, Oliver sagte das in Richtung Fernsehkamera; zum ersten Male stellte er sich einem Interview, das in den Dritten Programmen zum Thema „Kirche 2001“ ausgestrahlt werden sollte. „Aber ich bin als Bischof kein Beamter, auch wenn ich noch so bezahlt werde“, leitete er sein kurzes Statement ein. „Ich will und muss mit den Leuten leben, wenn ich glaubwürdig sein will, wenn das Evangelium glaubwürdig sein soll. Mein Auszug aus dem Palais war nur ein erster, mehr symbolischer Schritt. Mit den Leuten leben heißt für mich, zu den Menschen zu gehen, zu den Gläubigen und zu denen, die nicht oder nicht mehr glauben können, und ihr Leben, so weit es geht, zu teilen.

Ja, ich will die Kirche erneuern, dort, wo ich Verantwortung trage. Und ich fordere jeden Christen auf, das gleiche an seinem Platz zu tun. Das geht nur, wenn wir einander zu verstehen suchen. Also muss ich erstens hören und zweitens hören, und erst dann reden. Aber wenn ich rede, dann nach dem Wort des Apostels ‚gelegen oder ungelegen‘. Ich darf nicht von den Ansichten der Kirche ausgehen, ich muss auf die Probleme der Menschen eingehen. Wenn die Kirche bei uns in Europa nicht endlich die großen Fragen der Menschheit aufgreift – in Seoul haben es die Kirchen 1990 bereits formuliert, und ich bin erbittert, dass damals meine Kirche noch so weit abseits stand –, wenn die Kirche sich nicht endlich für Gerechtigkeit, für Frieden und Bewahrung der Schöpfung einsetzt, predigt sie weiter am Evangelium Jesu vorbei.“

Oliver lehnte sich zurück. Der Redakteur kam hinter der Kamera hervor: „Respekt, Herr Bischof, gleich die erste Aufnahme hat geklappt. Ich bin gespannt, wie die TED-Abstimmung nach der Sendung läuft: Sie kennen ja die Spielregeln. Die drei Bestplazierten führen in vier Wochen ein Streitgespräch zu einem Thema, das ebenfalls vom

Publikum per Abstimmung ermittelt wird." Er rieb sich die Hände: „Ich glaube, wir haben mit Ihnen einen guten Fang gemacht; so was lässt sich gut verkaufen. – Entschuldigung! Das ist nun mal unsere Sprache in den Medien."

Oliver lächelte ein wenig gequält. Es lag ihm nicht, sich zur Schau zu stellen; lieber hätte er jetzt mit irgendeinem Menschen ein Bier getrunken, als hier im weißen Scheinwerferlicht am schalgewordenen Orangensaft zu nippen. Diesen Gedanken nahm der Redakteur glücklicherweise auf: „Darf ich Sie noch in die Kantine auf ein Bier einladen? Ich hätte noch gerne persönlich mit Ihnen gesprochen." Der Bischof stand auf und folgte der Handbewegung: „Wie wär's zusammen mit Ihren Mitarbeitern, die jetzt frei haben?"

■

Im Geistlichen Rat, der jeden Mittwochmorgen tagte, wirkte Oliver sehr unkonzentriert. Er hatte noch lange mit den Fernsehleuten diskutiert. Es war fast schon Zeit zum Morgengottesdienst, als ihn der blonde Freund des Aufnahmeleiters in seinem BMW nach Hause brachte. Die letzten beiden Stunden des Nachtgesprächs beschäftigten sich ausschließlich mit der homosexuellen Partnerschaft dieser zwei Männer, mit ihren Freuden und ihren Nöten.

Der Bischof dachte gerade an die fünf Prozent Christen in seinem Bistum, die wegen ihrer gleichgeschlechtlichen Anlage keinen gerechten Platz in der Kirche finden konnten, als Domkapitular Meyer in gefährlich unterwürfigem Ton fragte: „Da wäre noch die Angelegenheit mit Pfarrer Berand. Der Geistliche Rat ist verwundert", und jetzt kam deutliche Schärfe in die Stimme, „der Geistliche Rat ist sehr verwundert, wie lange Sie noch dem skandalösen Konkubinat zusehen wollen. Um der Glaubwürdigkeit der Kirche willen und um zu verhindern, dass sich gefährliche Entwicklungen breit machen, ist eine schnelle, harte Konsequenz nötig. Pfarrer Berand ist zu suspendieren! Das ist die Meinung von uns allen."

Oliver spürte es. Der Fehdehandschuh gegen ihn lag unsichtbar auf dem Oval des großen, schweren Tisches. Der Geistliche Rat hatte sich schon vor der Sitzung abgestimmt. Der Bischof sah seine engsten Mitarbeiter und Berater schweigend der Reihe nach eindringlich an. Ein fast feindseliges Schweigen schlug ihm entgegen. Er konnte es körperlich spüren, wie sie ihn aus unterschiedlichen Gründen ablehnten.

Der Generalvikar trommelte nervös auf die Tischplatte: „Ich habe Sie schon mehrmals gebeten, eine schnelle Entscheidung zu fällen. Ich weiß nicht, was der Nuntius in Berlin dazu sagen wird, wenn ihm mitgeteilt wird, dass Sie untätig geblieben sind. Der Skandal dauert nun schon mehrere Wochen! Zudem ist Berand ja auch in anderen Bereichen aufgefallen. Er hält sich nicht an das Verbot ökumenischer Gottesdienste am Sonntagvormittag, hält zusammen mit dem evangelischen Nachbarpfarrer ökumenische Abendmahlsgottesdienste und hat für Geschiedene und standesamtlich Wiederverheiratete Gottesdienste mit trauungsähnlichen Zeremonien gehalten, wie mir mehrmals berichtet wurde. Alles in allem: Pfarrer Berand muss das Handwerk gelegt werden, bevor die Sache um sich greift."

Wenn
ich aufhöre
zu lügen,
bin ich
für das Amt
des Priesters
nicht mehr
geeignet ...

BISCHOF OLIVER hatte auf diese offene Drohung seines Generalvikars gewartet, der Pfarrer Berand trotz mehrfacher Bitten nicht einmal zu einem Gespräch empfangen hatte. Er hatte ihm lediglich in einem Brief mitgeteilt, dass er erst dann mit ihm reden werde, wenn das Verhältnis zu „dieser Frau“ gelöst sei.

Der Nuntius in Berlin: Der war seit einiger Zeit eine scharfe, gut funktionierende Waffe in den Händen der Konservativen.

Oliver schwieg noch immer und sah, ohne seine Empörung zu verraten, Domkapitular Meyer an. Der fing unter dem Blick seines Bischofs an, unruhig in den Akten zu blättern. „Ausgerechnet der“, dachte Oliver, „ausgerechnet der musste das Thema Berand auf den Tisch bringen. Er, der schon vor Jahren aus ganz eindeutigem Grund am Untermain in einer Feriensiedlung eine Zweitwohnung gekauft hatte und seine sechs Urlaubswochen regelmäßig in Spanien mit einer Frau verbrachte, unter deren Namen er sich als Ehepaar in die Hotelliste einzutragen pflegte.“

Oliver erinnerte sich an die bittere Feststellung von Pfarrer Berand: „Wenn ich meine Beziehung geheim halte, auch wenn das Ordinariat davon weiß, dann passiert mir nichts; ich kann weiter Pfarrer sein und werde gut bezahlt. Sogar Kindergeld bekäme ich gegebenenfalls. Wenn ich aufhöre zu lügen, wenn ich zu meiner Liebe stehe und Verantwortung für den geliebten Menschen übernehme, dann bin ich für das Priesteramt nicht mehr geeignet und muss gehen.“

Laut fragte der Bischof: „Was soll ich also Ihrer Meinung nach tun, Herr Meyer?“ – „Das fragen Sie mich?“, antwortete der Domkapitular gereizt. „Tun Sie das, was der Generalvikar schon seit Wochen von Ihnen fordert und was wir hier beschlossen haben". Er schaute sich herausfordernd im Kreis um: „Die einzige richtige Antwort gegenüber Pfarrer Berand und allen anderen ähnlichen Fällen ist die sofortige Suspendierung."

„Dann müsste ich Sie zuallererst bitten, Herr Domkapitular, Ihr Amt aufzugeben", konterte Bischof Oliver ungewohnt deutlich. „Ich wundere mich sehr, dass Sie nicht selbst schon diese Konsequenz gezogen haben."

Der Satz schlug im Geistlichen Rat wie eine Bombe ein. Der Bischof hatte gewagt, laut und deutlich zu sagen, was hinter vorgehaltener Hand in den barocken Mauern des Marmelsteiner Hofes schon lange getuschelt und geflüstert wurde. Das besondere Verhältnis des Kapitulars zu einer attraktiven Mittvierzigerin war seit Jahren ein offenes und viel beredetes, aber konsequenzenloses Geheimnis.

„Lassen wir Herrn Domkapitular Meyer Zeit nachzudenken. Die Sitzung ist geschlossen."

Abrupt stand Oliver auf und verließ ohne ein weiteres Wort den kleinen Saal.

Im langen hellen Gang, der nur von staubigen Philodendronbüschen unterbrochen war, wartete sein Sekretär mit einem Stapel von Papieren. „Ich brauche dringend einige Unterschriften."

„Komm, wir gehen in das Café um die Ecke. Was ich jetzt dringend brauche, ist eine Tasse Kaffee – und ein offenes Gesicht." Und er fügte hinzu: „Es hat den lange erwarteten Knall gegeben. Ich weiß jetzt, was ich zu tun habe. Richte dich auf den Besuch des Nuntius ein. Es gibt Leute, die ihn sehr schnell informieren werden."

Ralf merkte, dass es dem Bischof todernst war. Wortlos gingen sie aus dem Ordinariat, das frisch renoviert im barocken Gelbweiß leuchtete und doch wenig Atmosphäre ausstrahlte. Direkt am Fenster des Cafés waren an einem kleinen Tisch zwei Plätze frei. Oliver trank seinen Kaffee mit viel Milch und ohne Zucker. Ralf bestellte sich einen Espresso ...

Im Treppenhaus des Ordinariats standen einige Kapitulare und Domvikare um Meyer. Obwohl ihnen die helle Schadenfreude auf den Gesichtern geschrieben stand, unterstützten sie den erregten Kapitular: „Das wird unerträglich. Nach außen spielt der Bischof den Demokratischen, uns behandelt er wie den letzten Dreck. Wir sind verpflichtet, den Nuntius zu unterrichten, bevor noch größerer Schaden entsteht. Oliver ist im Stande, diesen Berand, der mit seiner Freundin im Pfarrhaus lebt, in Amt und Würden zu lassen. Das ist ein Skandal, der uns allen schadet. So etwas gab es in der ganzen Geschichte des Bistums noch nicht."

„Es geht um mehr als um diesen Pfarrer, an dem der Bischof seinen Narren gefressen haben mag", sagte Domvikar Bergner, dem man gute Kontakte zum einflussreichen Opus Dei nachsagte. „In vielen Bereichen hat die Kirche von Würzburg ihren guten Ruf verloren. Bei den Meetings der Rotarier muss ich mir jedes Mal spöttische Fragen stellen lassen: ‚Wann ziehen denn Sie in die Frankfurter Straße?' – ‚Haben Sie sich auch schon einen Freund zugelegt wie ihr Chef?' – ‚Ihr Bischof wird schon noch zu spüren bekommen, dass ihn das Volk alleine lässt, wenn es drauf ankommt'." Bergner machte eine Handbewegung, die andeutete, als werde ihm durch sein blütenweißes Kollar die Luft abgeschnürt; schließlich hatten die einflussreichen Industriellen auch schon einen massenweisen Austritt aus der Kirche angedeutet, um die Kirchensteuer zu sparen. Die Spenden flossen von dieser Seite ohnedies seit einiger Zeit recht spärlich.

„Was würde eigentlich Jesus dazu sagen, wie würde er handeln?", wagte Domvikar Alberz, der im Geistlichen Rat die Arbeitnehmerorganisationen vertrat, zu fragen. „Ich denke, wir sollten ..."

Der Generalvikar wehrte heftig ab: „Werden Sie in dieser Sache nur nicht sentimental. Mit der Berufung auf das Evangelium ist uns hier nicht geholfen".

Zu den anderen gewandt sagte er: „Ich wünsche mir nichts weniger als die Visitation durch den Nuntius. Schon wegen des Rummels in der Öffentlichkeit. Vergessen wir nicht, der Bischof hat viele Sympathisanten, vor allem unter den kleinen Leuten. Und die gehen heute leichter für ihre Sache auf die Straße als früher. Und da sind noch die Medien! Aber es wird keinen anderen Weg geben. Wo kommen wir da hin?"

Der Generalvikar verschwand in seinem Arbeitszimmer, und die kleine Nachkonferenz löste sich auf. Nur Domkapitular Meyer stand noch einen Moment unentschlossen auf der Treppe, bevor er in seine Amtsräume ging, um seine Freundin anzurufen.

Der Bischof setzte die Tasse hart zurück, als er sie ausgetrunken hatte. Ralf schaute von den Papieren erstaunt auf. „Mir bleiben nur zwei Möglichkeiten", sagte Oliver: „Entweder gebe ich jetzt klein bei, und ich bin für alle Zeiten den kleinen Geistern ausgeliefert, oder ich setze mich durch, und dann wird Rom aktiv. Es ist an der Zeit, Zeichen zu setzen. Wenn die Kirche inmitten ihrer demokratischen Umgebung an autoritären Strukturen festhält, wird sie bald nur noch ein Museum sein ... Falls ich dir vorher noch eine sichere Stelle in der Diözese besorgen soll, musst du es mir sagen."

■

Das war ein Nachmittag, wie der Bischof ihn sich schon lange gewünscht hatte. Es gab keine Termine, keine Besprechungen, und auch das Telefon machte längere Pausen. Es gab endlich einmal die Möglichkeit, in Fachzeitungen nicht nur zu blättern, sondern wichtige Artikel auch zu lesen. Ralf hatte vieles bereits rot oder grün angestrichen, je nach Wichtigkeit. Ganz bewusst las Oliver aber einiges, was keinerlei Vermerke auf Bedeutung oder besondere Notwendigkeit trug. Heute konnte er es sich leisten, einfach mal so zu lesen ...

Als er mit seinem „Hausmann" beim Kaffee saß, gab es sogar Zeit für ein gemütliches Gespräch, bis es klingelte. Es kam nicht von der Haustüre unten, die durch eine Sprechanlage zu erreichen war, der „Eindringling" musste bereits oben vor der Wohnungstüre sein. Ralf kam mit dem Besucher auch gleich ins Wohnzimmer und stellte ihn vor: Enno Herold.

Oliver erkannte ihn sofort; es war der junge Mann, der ihn neulich mit seinem Kleinwagen in die Stadt mitgenommen hatte. „Herzlich willkommen bei uns", sagte der Bischof und bat ihn, Platz zu nehmen.

Etwas befangen setzte Enno sich auf die Eckbank.

„Ich finde es gut, dass Sie uns einmal besuchen; Sie sind der erste im Haus, der sich über unsere Schwelle wagt."

„Deswegen bin ich ja da", platze Enno heraus. „Die Hausbewohner haben mich ausgesucht, einmal auszuprobieren, wie es bei Ihnen ist", bekannte er ein wenig verlegen. „Und da ich Sie ohnedies etwas fragen möchte ..."

„... haben Sie beschlossen, sich in die Höhle des Löwen zu wagen", vollendete Oliver den Satz.

Enno nickte.

„Kaffee?", fragte Ralf.

„Danke, ich trinke lieber Cola. Entschuldigung, ich wollte sagen, ich trinke lieber nichts." Ralf stand aber bereits am Kühlschrank und goss eine Cola ein.

„Nun aber zu Ihrer Frage", ermunterte der Bischof den jungen Gast.

„Die Wohnung über Ihnen wird im nächsten Monat frei, und ich möchte", Enno sah verlegen auf die geblümte

Tischdecke, „... und ich möchte mit meiner Freundin hier einziehen; sie ist übrigens katholisch wie ich. Den Mietvertrag haben wir schon“, schob er schnell nach.

„Da können wir nur gratulieren“, sagte der Bischof. „Es ist für junge Leute immer noch schwer, eine Wohnung zu finden.“

Er wandte sich an Ralf: „Wie wäre es dann für uns mit dem Zimmer von Herrn Herold? Das wäre doch, bei unseren vielen Gästen gut, wenn wir etwas mehr Platz hätten.“

„Das kann ich gerne für Sie erledigen“, erklärte Enno schnell und erhob sich erleichtert, „wir treffen uns heute mit dem Hausbesitzer. Ich gebe Ihnen dann sofort Bescheid.“

„Ich denke, wir werden Sie einmal einladen, wenn Sie hier eingezogen sind! Schließlich müssen wir Ihre Freundin kennen lernen.“

Oliver lächelte und wollte sich ins Arbeitszimmer zurückziehen. Enno setzte sich wieder; es schien fast, als hätte der Sekretär diesen Besuch eingefädelt.

„Es ist schwer in der Stadt“, dachte der Bischof. „Es hat Monate gedauert bis zu diesem ersten Kontakt im Mietshaus an der Frankfurter Straße. Es sind immerhin zwölf Parteien, die in diesem Hause miteinander wohnen.“

„Wann habe ich eigentlich die letzte Trauung gehalten?“, überlegte Oliver. Und laut sagte er, bevor er die Tür zum Wohnzimmer schloss: „Vielleicht bekomme ich bei euch beiden eine Chance.“

Enno verstand nicht so recht, was der Bischof meinte, aber Ralf lächelte. Wenn Oliver wüsste, was er bereits mit den jungen Leuten vorgestern in der Kneipe an der Ecke besprochen hatte. Im Mai des kommenden Jahres wollten Nicole und Enno sich kirchlich trauen lassen, und Ralf hatte ihnen dazu den Bischof schon so gut wie zugesagt.

■

Der
normale
Weg
in die Kirche
ist heute
eher selten …

Es war eine schlichte Feier im zweiten Stock eines äußerlich etwas verwahrlosten Hauses in der Pleich, gleich gegenüber der Pfarrkirche. Die Pfarrei war schon seit fünf Jahren nicht mehr besetzt; im Pfarrhaus wohnte ein Pastoralassistent mit seiner Familie. Diese Zusammenkunft setzte hoffentlich einen Meilenstein in der Geschichte der Diözese. Es sollte die neue Gemeinschaft „KOMM" gegründet werden. 22 junge Leute, Männer und Frauen waren zu dem kleinen Festakt gekommen; darunter waren auch die drei jungen Frauen, die aus der Kongregation der Barmherzigen Schwestern ausgetreten waren. Miriam hatte eine kleine Tafel angerichtet mit Salaten, Käse, Obst und selbst gebackenen Vollkornbrötchen.

„Im Namen des barmherzigen Gottes wagen wir den Start", begann Bischof Oliver. „Die neue Gemeinschaft von Brüdern und Schwestern soll nach dem Willen der ersten Mitglieder KOMM heißen, nach dem einladenden Jesuswort: ‚Kommt und seht' (vgl. Joh 1, 39). KOMM steht aber auch für Kommunität, Gemeinschaft im Geiste Jesu. Zur ersten Leiterin wurde fast einstimmig Miriam gewählt. – Alle großen Frauen unserer religiösen Geschichte heißen Miriam, Maria", fügte der Bischof ein wenig spöttisch hinzu, wie es seine Art war. „Ich bestätige Miriam Gentil hiermit in ihrem Amt und überreiche ihr die Urkunde und das Zeichen der neuen Gemeinschaft."

Oliver ging auf Miriam zu, umarmte sie und legte ihr ein Kreuz um, das dem Taizé-Kreuz mit der Taube nachempfunden war. In den Schnabel der Taube war als Zeichen der Liebe und der Begeisterung ein roter Glasstein eingearbeitet. Es war für Oliver keine leichte Entscheidung gewesen, Miriam in ihrer Aufgabe zu bestätigen. Sie hatte eine recht bewegte Vergangenheit hinter sich. „Aber der normale Weg in die Kirche ist heute eher selten", so dachte nicht nur der Bischof.

Die meisten Mitglieder von KOMM waren auf außergewöhnlichen Wegen oder großen Umwegen zum Dienst am Menschen im Auftrag der Kirche von Würzburg gekommen. Da war Gert, der sechs Jahre in Lateinamerika als Entwicklungshelfer gearbeitet hatte; Manuela, die in München ein Frauenhaus geleitet hatte; Merle, die, wie sie sagte, aus der autonomen Szene kam, und Raffi, der für Jahre aus der Wohlstandsgesellschaft ausgestiegen und erst vor einigen Monaten aus Nepal zurückgekehrt war ...

Nachdem Miriam die herzlichen Wünsche von allen Seiten angenommen hatte, hielt sie eine kleine Ansprache: „Für mich ist das ein ganz bewegender Augenblick. Ihr habt mich, trotz meiner Vorgeschichte, die Euch allen bekannt war, zur ersten Leiterin von KOMM gewählt, und ich habe das Vertrauen des Bischofs. Das gibt mir Mut, meine Vergangenheit im Licht der Führung Gottes zu verstehen: Ihr wisst, dass ich 1959 am Untermain geboren bin. Ich war Jugendleiterin, habe mich aber mehr und mehr von der Kirche entfernt. Alles schien mir damals veraltet, überflüssig und verlogen.

Nach meiner Ausbildung zur Textil-Facharbeiterin gab mir eine Wallfahrt nach Rom den Rest. Ich bin dort 1981 Mitglied der ‚Kinder Gottes' geworden. Alles, was ich in meiner Kirche gesucht und nicht gefunden hatte, Nähe, Vertrauen, Ehrlichkeit, Geborgenheit, Mitverantwortung fand ich zunächst in dieser Gruppe, die ihre Kommune direkt neben dem Vatikan hatte. Wir arbeiteten viel mit Jugendlichen, die aus unterschiedlichen Gründen nach Rom gekommen waren, nahmen sie bei uns gastlich auf, versuchten mit ihnen ihre Probleme zu lösen. Meistens waren es, so erstaunlich das klingt, religiöse Probleme, Fragen nach dem Sinn des Lebens. Mose David Berg war unser geistlicher Vater, obwohl wir ihn nie zu Gesicht bekamen. Bis ich merkte, dass auch er eine total falsche Figur war; da war nicht nur meine Begeisterung dahin, auch alle meine Ersparnisse hatte ich in die ‚Kinder Gottes' gesteckt.

Da geriet ich selber an Drogen und lebte in einer Wohngemeinschaft in Trastevere. Ich blieb ständig auf der Suche, machte zwei vergebliche Entziehungskuren und einen Selbstmordversuch und kehrte schließlich völlig ausgebrannt nach Deutschland zurück. In dieser Lage lernte ich einen Franziskanerpater kennen, der mir half, eine Ausbildung als Altenpflegerin zu beginnen. Das war vor fast zehn Jahren ..."

Matthias, der erste Sekretär von KOMM, gab einen Überblick über die neue Gemeinschaft: „Zur Zeit bereiten sich 31 Männer und Frauen auf ihren Einsatz vor; sie arbeiten in Alters- und Pflegeheimen, in Jugendheimen und Krankenhäusern, in Sozialverwaltungen und im Gesundheitsdienst. Weitere zehn Jugendliche haben ihr Interesse an KOMM gezeigt, so dass wir noch in diesem Jahr über Würzburg hinaus einige Stationen aufbauen können. Wir haben hier in der Pleich mit einer Aidsstation begonnen und organisieren gerade einen Senioren-Hauspflegedienst. Je zwei unserer Mitglieder kümmern sich rund um die Woche um fünf bis sechs Haushalte."

Dann stellten sich die Mitglieder, die sich demnächst durch ein Versprechen an KOMM binden wollten, vor. Zum ersten Male beteten sie dann das Gebet ihrer Gemeinschaft, das sie von den „Kleinen Schwestern und Brüdern Jesu" übernommen hatten:

„Wir schenken dir, Herr, diesen Tag.
Lass uns denen helfen, die zu uns kommen,
denn du bist es, der kommt.

Lass uns eins sein mit allen Brüdern und Schwestern,
die hinausgehen, dein Halleluja zu leben.

Lass uns zart, liebevoll, offen sein
und bereit, jede Form deines Willens anzunehmen.

Lass uns lachend im Leben stehen,
denn du bist das Leben.

Lass uns Vertrauen schenken
in die Erde und in den Himmel.
Lass uns alles ablegen, was nicht DU bist
und deine Kinder, die Menschen.

Lass unsere Liebe klar sein
durch die Gnade des Vaters,
des Sohnes und des Heiligen Geistes.
Amen."

Amen. Amen. Oliver atmete tief durch. Der erste entscheidende Schritt für die Zukunft war getan. Schon nach einem knappen halben Jahr waren erstaunlich viele Mitarbeiter unter der neuen und doch so alten Idee des Vinzenz von Paul zusammengekommen, und so zitierte er noch einmal, bevor das kleine Abendessen begann, die Regel, die auch KOMM zusammenband: „Die Krankenhäuser sollen euer Kloster sein, eine Mietwohnung eure Zelle, die Pfarrkirche eure Kapelle. Die Straßen und Wege der Stadt seien euer Kreuzgang, der Gehorsam sei die Klausur, die Gottesfurcht das Gitter, die Bescheidenheit euer Schleier ..."

Es wurde ein fröhliches Abendessen der Gemeinschaft, auch ohne Alkohol und Zigaretten. Auch das gehörte zu den Vereinbarungen, die die Mitglieder getroffen hatten: Mit Rücksicht auf die anvertrauten Menschen sollte innerhalb von KOMM auf beides verzichtet werden. Für den privaten Bereich konnte es jeder halten, wie er wollte. Oliver hatte sich einige Zeit dieser strengen Vereinbarung widersetzt, weil er sie für unhaltbar ansah. Doch die jungen Leute hatten ihn überzeugt: Auch der bewusste Verzicht um des anderen Menschen willen gehöre in einer Gemeinschaft wie KOMM dazu.

Es klingelte. Matthias öffnete und kam gleich darauf auf den Bischof zu. „Es ist Manuela; Harald drüben in Nr. 7 geht es sehr schlecht. Er hat Aids im Endstadium. Manuela meint, ein Pfarrer ...?“

Oliver fand Harald in der Wohngemeinschaft gleich nebenan, die KOMM erst kürzlich eingerichtet hatte. Sein Zimmer war spartanisch einfach ausgestattet; ein Bett, ein Tisch, zwei Stühle, ein Schrank, das war alles. Auf dem Boden stand ein tragbarer Fernseher. An den Wänden hingen Poster, meistens Phantasiegestalten aus dem Märchenreich.

Harald atmete flach und schwer; das Sauerstoffgerät war abgeschaltet und stand an seinem Kopf neben dem Hocker, auf dem einige Bücher lagen. Manuela streifte die Einweghandschuhe ab, sie hatte Harald offensichtlich gerade versorgt. Im Zimmer roch es nach einer Mischung von Desinfektionsmitteln und Weihrauch. Manuela hatte inzwischen die Bücher vom Hocker genommen und schob ihn zu Oliver. Alles geschah schweigend. Die Stille verdichtete sich zur Spannung.

„Ich heiße Oliver“, begann der Bischof zögernd. „Ich bin gekommen ...“

„Ich weiß“, Harald versuchte sich ein wenig aufzurichten, schaffte es aber nicht, „ich weiß, weil ich bald sterben werde. Ich habe nichts zu bereuen! Ich will auch nichts bereuen!" Stoßweise brach es aus Harald heraus. „Ich brauche die Kirche nicht. Jetzt nicht mehr, da es mit mir zu Ende geht ... Früher habe ich mich manchmal nach der Kirche gesehnt ... Nach Geborgenheit, nach den alten Zeiten. Ich war Ministrant und Gottesdiensthelfer mit großer Begeisterung. Unser Pfarrer war eine Klasse für sich." Harald hustete, schloss die Augen und sank erschöpft zurück.

Oliver streichelte beruhigend die weiße Hand des Jungen, in die Adern scharfe, dunkelviolette Linien zogen. Langsam entzog Harald dem Bischof seine Hand und fuhr nach einer langen Pause fort: „Dann hab ich Physik studiert. In München. In Hamburg. In Würzburg. In dieser Zeit wurde mir klar, was ich lange ahnte, mir aber nicht eingestehen wollte: Ich war homosexuell. Ich hatte einige Freunde, da und dort. Ich bin aus der Kirche ausgetreten, wie fast alle in der Schwulen-Szene. Was sollten wir in einer Kirche, die keinerlei Verständnis zeigte, die uns mal als Sünder abkanzelte oder mal als Kranke disqualifizierte? Die nur über uns, aber nie mit uns sprach ... Hier in Würzburg lernte ich in einem jungen Assistenzarzt den Freund kennen, mit dem ich hätte leben können. Und ausgerechnet der musste mir zum Beginn unserer Freundschaft sagen, dass ich krank war, dass ich mich irgendwann angesteckt hatte. Tagelang hatte ich mehr Angst davor, dass Gert mich verlassen würde, als vor der tödlichen Krankheit ..."

Harald machte wieder eine lange Pause und rang nach Atem. Manuela kam unauffällig aus dem Hintergrund und reichte ihm die Sauerstoffmaske. Doch Harald wehrte ab: „Das muss jetzt zu Ende gebracht werden ...!"

Oliver stand auf und öffnete das Fenster. Er musste einfach irgendetwas tun, wenn er schon nicht helfen konnte. Dann setzte er sich wieder ans Bett des Todkranken.

„Nachdem ich sicher wusste, dass ich HIV-positiv war, ging es mit mir rapide bergab. Strafe Gottes!, werden Sie jetzt sagen. Ich kenne die Einstellung der Kirche zu Genüge: ‚Lieber Aids statt Kondom!'" Harald rang wieder nach Luft.

„Mutter?"

Manuela trat ans Bett und streichelte ihm über den Kopf. „Sie wird bald kommen, ich habe ihr telefoniert."

Manuela wandte sich an den Bischof: „Harald stammt aus der Rhön. Seine Mutter kommt, so oft sie kann. Wir haben dort noch keine Station, und die arme Frau wäre in dem kleinen Dorf auch nur dem erbarmungslosen Gerede der Leute ausgesetzt, wenn sie Harald heimgeholt hätte, mal ganz abgesehen von der schwierigen Pflege."

„Harald, ich bleibe hier, bis deine Mutter kommt", sagte der Bischof und streichelte wieder die Hand des Todkranken. Diesmal zog sie Harald nicht zurück. Manuela brachte eine Tasse Tee ...

■

„Ich wusste nicht, ob ich den Brief oben auf die Post legen oder ganz unten verstecken sollte?!" Ralf sagte es so, als müsse er sich dafür entschuldigen, dass er dem Bischof das erwartete Schreiben des Nuntius aus Berlin überreichen musste.

„Berlin, 2. November 2001", las der Bischof. „Ausgerechnet an Allerseelen geschrieben", dachte er, und zu Ralf gewandt: „Sechs Tage hat dieser Brief gebraucht, bis ihn die Bürokraten endlich zur Post gebracht haben; wer weiß, wieviele Kopien es davon inzwischen schon gibt?"

„... müssen wir Überlegungen anstellen, ob es für Sie und die Kirche von Würzburg nicht ratsam ist, Ihnen einen Koadjutor zur Seite zu stellen. Da Sie sich schwer tun, Ihren Aufgaben gerecht zu werden und da das Amt des Weihbischofs seit zwei Jahren vakant ist, wäre das die beste Lösung für beide Seiten. Zugleich müssen wir Sie bitten, sich um einen Termin beim Kardinalstaatssekretär Mazzoli zu bemühen. Das sollte noch in diesem Monat geschehen, damit die Entscheidungen des Hl. Stuhles nicht über Gebühr hinausgezögert werden ..."

Oliver hatte die entscheidenden Sätze halblaut gelesen. Er schloss, schon wieder ein wenig fester in der Stimme, mit der Schlussformel:

„Bleibe ich Euer Exzellenz sehr ergebener ..."

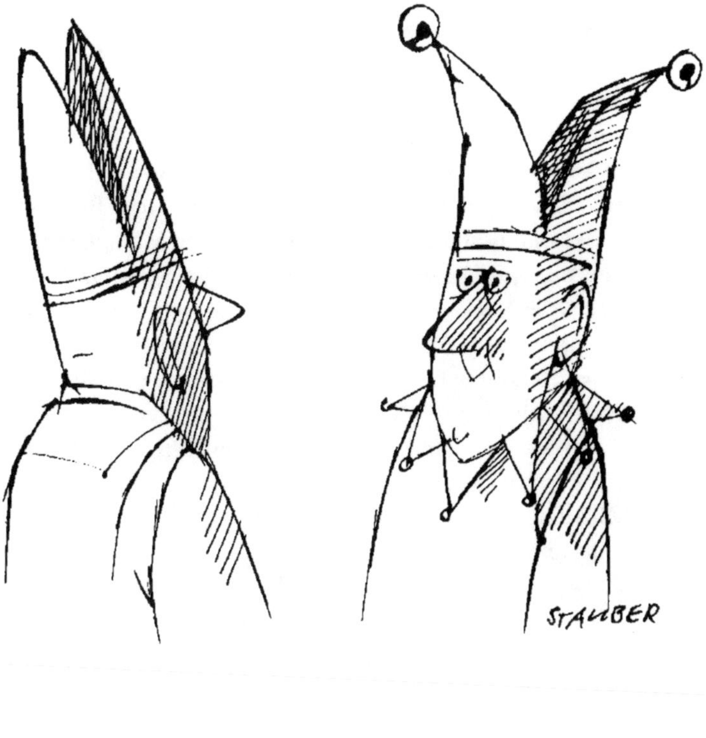
STAUBER

Als der Bischof die Sitzung des Geistlichen Rates mit dem Gebet eröffnete, war ihm nichts mehr von der Erregung, die ihn überfallen hatte, anzumerken. Er betete mit der üblichen gelassenen Stimme, während seine Räte angestrengt auf die ovale Tischplatte starrten:

„Gottes Geist,
solang es Menschen gibt auf Erden,
bist du unter uns zu finden,
unvermutet, unerwartet;
überall, wohin wir gehen,
gleich, was wir tun und lassen.
Wir bitten dich,
mach uns deshalb
jeden Tag neu,
dass wir es auf uns nehmen,
neu miteinander anzufangen,
um einmal bei dir anzukommen.
Amen."

Als das Amen ohne Antwort blieb, wusste der Bischof, dass das Schreiben des Nuntius in diesem Kreis bereits bekannt und besprochen war. Eine bleierne Müdigkeit überfiel ihn, und ein seltsamer, unbekannter Schmerz breitete sich, vom Nacken ausgehend, über die Kopfmitte zur Stirn aus. Ihm wurde übel. „Hatte er denn keinen einzigen Menschen in diesem Gremium, der noch an seiner Seite stand? War er wirklich so allein?"

Der Bischof stand auf: „Ich habe mich mit den Pfarrern des Rhöndekanats abgesprochen. Bis auf einen jüngeren Mitbruder waren alle der Meinung, ich sollte Pfarrer Berand im Amt lassen. Deswegen habe ich ihm gestern geschrieben, er möge seine Aufgabe als Seelsorger weiterhin wahrnehmen, bis zu einer endgültigen Entscheidung."

Oliver zögerte einen Augenblick, und dann setzte er hinzu: „Da ich in diesem Monat noch nach Rom fahre, können wir auf eine schriftliche Eingabe verzichten. Ich hoffe, dass ich unsere Probleme mit Mazzoli besprechen kann. Mir wäre es sehr recht, wenn sich der Geistliche Rat auch auf eine Liste von geeigneten Priestern für das Amt des Weihbischofs einigen könnte. Die Sache dauert einfach zu lange."

Er setzte sich wieder, da sich der ziehende Schmerz im Kopf verstärkte, dann sagte er: „Doch bevor wir zur Tagesordnung kommen, noch eine andere Vorbemerkung: Ich habe keine Angst vor dem Besuch des Nuntius. Casagni ist nichts anderes als der Vertreter des Vatikans bei der Bundesregierung und nicht etwa der Oberaufseher über die deutschen Bischöfe. Ich lasse mich in meiner Verantwortung durch das päpstliche Nuntiatur-Unwesen nicht stören. Ich hoffe immer noch, dass Johannes Paul III., wie jeder vernünftige Christenmensch, von Denunzianten nichts hält."

Allgemeines Schweigen. Keine Reaktion auf Olivers laut geäußerten Gedanken.

Dann zerrann viel Zeit, bis die einzelnen Referate ihre Anliegen vorgebracht hatten. Der Bischof konnte sich an diese Routine nicht gewöhnen, weil sich die Kapitulare und ihre Meinung hinter den oft ausgezeichneten Vorlagen ihrer Mitarbeiter versteckten. „Wenn wenigstens etwas Herz dabei zu entdecken wäre", dachte der Bischof, „vom Evangelium und von Jesus ganz zu schweigen." Die nötigen Abstimmungen verliefen meist ohne große Diskussion und ziemlich reibungslos. Der Apparat des Bistums funktionierte; die Rädchen drehten sich wie frisch geölt.

Bevor der Punkt „Verschiedenes" aufgerufen wurde, ergriff Bischof Oliver noch einmal das Wort: „Eine der wichtigsten Aufgaben der nächsten Monate wird die Antwort auf die Frage sein, wie wir unsere eigene Verwaltung einigermaßen auf den Willen des Evangeliums zurückführen.

Wir werden dazu schon angesichts des Priestermangels gezwungen. Ich bin davon überzeugt, dass Gott uns damit zeigen will, dass es auch anders geht. Ich bitte also dringend zu prüfen, ob die Verwaltungstätigkeit in den Hauptabteilungen und Referaten wirklich noch immer von Priestern geleistet werden muss.

Wenn alle direkt in die Seelsorge gehen würden, wäre das zwar auch nur ein Tropfen auf den heißen Stein, aber wir würden ein Zeichen setzen. Auch ein Zeichen der Solidarität mit unseren gehetzten Priestern draußen, die für viele Gemeinden zuständig sind, damit ständig unterwegs, getrieben von den Anforderungen und ihrem eigenen Anspruch. Ein gehetzter Priester ist nicht gerade attraktiv. Ich kann junge Leute sehr gut verstehen, wenn sie dieses Berufsbild abstoßen muss: Sie erleben ihren Pfarrer mehr als Funktionär, denn als Mensch. Dann bleibt auch nicht mehr viel übrig für die Frohe Botschaft unter den Menschen. Von einer Anziehungskraft auf junge Leute ganz zu schweigen."

Während der Bischof noch redete, wurde ihm ein offener Zettel zugeschoben. „Anruf von Manuela Wirt: Harald ist vor einer Stunde gestorben."

Der Bischof erhob sich: „Ich erhalte gerade die Nachricht, dass ein junger Mann gestorben ist, dem die Kirche viel schuldig geblieben ist. Wir wollen für ihn beten ..."

Mehr widerwillig standen die Mitglieder des Geistlichen Rates auf. Das Gebet des Bischofs erreichte nicht einmal ihre Ohren, geschweige denn ihr Herz:

Gott, nimm das Leben dieses Menschen an,
der unsagbar viel gelitten hat.
An seiner Liebe, an seinem unheilbaren Leiden,
an dem Unverständnis der Menschen,
an der Unversöhnlichkeit seiner Kirche ...

Ralf wunderte sich nicht, dass Oliver nach dem Schlüssel für den Golf griff, als er nach der Sitzung nach Hause kam. Er war, wie so oft, mit der Straßenbahn zur Wohnung in der Zellerau gefahren.

„Ich muss noch zu Haralds Mutter; er ist gestorben", sagte Oliver im Gehen, „und ich übernachte dann bei Berand. Bis morgen früh."

„Sie müssen noch tanken", rief Ralf dem Bischof ins Treppenhaus nach, „da dürften nur noch ein paar Tropfen im Tank sein."

Oliver musste über die Angewohnheit von Ralf lächeln, den Tank bis auf den letzten Meter leerzufahren. Kein Wunder auch, wenn er ständig Schwierigkeiten hatte, das Geld, das er für Benzin ausgelegt hatte, wiederzubekommen. Wenn der Bischof nicht gelegentlich die Belege zur Finanzkammer mitnahm, musste er seine Fahrten und die des Bischofs aus eigener Tasche finanzieren. Das Auto war auf Ralf zugelassen. Oliver stand ein Wagen der Nobelmarke zur Verfügung. Sein Antrag auf Ersatz durch ein kleineres Auto war abgeschmettert worden. Die Domkapitulare liebten es, sich standesgemäß chauffieren zu lassen. So teilten sich Ralf und der Bischof den Golf, der schon 85 000 Kilometer hinter sich gebracht hatte.

■

Jetzt
in seinem Tode
werde ich mich
zu meinem
Kind bekennen.
Ich werde
nicht mehr
schweigen ...

„Er war ein guter Junge. Was hat er gelitten! Ist das die Gerechtigkeit Gottes?“ Der Bischof hatte Haralds Mutter am Küchentisch vor einer Tasse Kaffee, die bereits kalt geworden war, angetroffen. Es war kurz vor Mitternacht. „Wissen Sie, er war so ganz anders als meine anderen Kinder; ich habe noch zwei Töchter und einen Sohn. Mein Mann ist im vorletzten Jahr gestorben“, fügte sie hinzu. „Er hat das von Harald nicht mehr mitbekommen müssen. Es war besser so; er hätte es nicht tragen können. Willi war in dieser Hinsicht sehr schwach.“

„Und Sie, Sie haben es gewusst, dass Harald Aids hat?“, fragte Oliver.

„Ja, er hat es mir mit dem gleichen Atemzug gesagt, als er mir gestand, dass er homosexuell sei. Damals war sein Freund, der Arzt, dabei. Als sie beide durch die Türe kamen, habe ich das eine geahnt und das andere befürchtet. Eine Mutter kennt ihre Kinder. Das war kurz bevor mein Mann den ersten Schlaganfall hatte. Ich habe es niemandem gesagt, auch den Kindern nicht. Wir zwei haben das miteinander getragen, mein Harald und ich. Es war eine wertvolle Zeit. Ich bin meinem Jungen so nahe gekommen, wie schon lange nicht mehr, gerade als ich mit ansehen musste, wie er immer mehr verfiel. Zunächst pendelte er noch zwischen dem Krankenhaus – sein Freund war Assistent auf der Station – und seiner Wohnung hin und her; als er dafür zu schwach wurde, fand er Hilfe im KOMM. Übrigens, Gert, sein Freund, hat ihn nie im Stich gelassen.“

Oliver hörte, wie es seine Art war, ohne ein Wort zu sagen, zu.

„Das Schlimmste für mich war, dass ich schweigen musste. Keinem konnte ich mich anvertrauen. Niemand hier hätte das verstanden, mein Harald ein Homosexueller und aidskrank! Aber jetzt werde ich reden. Ich werde nicht mehr schweigen. Ich werde mich zu meinem Kind bekennen, jetzt in seinem Tode werde ich mich zu seinem Leben, zu seinem Leiden, zu seiner Krankheit und zu seiner Not bekennen. Ich bin ihm das schuldig. Und doch quält mich die eine große Frage: Sieht so wirklich die Gerechtigkeit Gottes aus?"

„Auf diese Frage müssen wir alle erst noch eine Antwort finden", sagte Oliver. „Ich weiß die Antwort nicht, aber ich bin sicher, Gott wird sie uns irgendwann geben ... Wenn es Ihnen recht ist, werde ich übermorgen die Totenfeier und das Begräbnis für Harald halten."

Natürlich hatte es sich in Windeseile herumgesprochen, dass der Bischof zur Beerdigung von Harald Berger kommen werde. So blieb es nicht aus, dass der kleine Friedhof überfüllt war, auch draußen, vor seinen Mauern, standen größere und kleinere Gruppen von Neugierigen, die miteinander halblaut diskutierten. Allerlei Vermutungen wurden geäußert, aber niemand konnte sich einen rechten Reim darauf machen, warum der Bischof selber kommen wollte. Ob die Bergers etwa mit dem Bischof verwandt waren? Andererseits, das Dorf hatte schon seit 15 Jahren keinen eigenen Pfarrer mehr; aber auch diesmal wäre, wie so oft, ein Priester oder ein Diakon aus der Umgebung eingesprungen.

In die Menge kam Bewegung, als ein Team des Bayerischen Fernsehens vorfuhr; noch mehr Leute drängten jetzt zwischen die engen Grabzeilen des Gottesackers.

Der Bischof im zivilen Schwarz führte Haralds Mutter zum Friedhof, gefolgt von ihren Kindern und deren Familien, und, was Oliver besonders freute, von vier Priesteramtskandidaten, die spontan gekommen waren, als sie vom Vorhaben ihres Bischofs erfuhren.

Als das Fernsehteam auf die Gruppe zukam, sagte der Bischof nur: „Erst nach der Beerdigung, bitte.“

In der Friedhofskapelle zog Oliver die liturgischen Gewänder an. Drei Pfarrer aus der Umgebung waren noch gekommen und assistierten wie selbstverständlich ihrem Bischof. Oliver nickte ihnen freundschaftlich zu und begann die Feier in der kleinen Halle, die nur Platz bot für den Sarg und die nächsten Angehörigen.

„Es ist gut, dass ihr gekommen seid, um dem Leben, der Krankheit, dem bitteren Sterben und dem Tod unseres Harald Berger gerecht zu werden“, begann der Bischof nach den einleitenden Gebeten seine Ansprache. „Wir wollen hier an seinem Sarg nichts vertuschen und verschweigen. Denn der Tod und der Respekt vor dem Toten vertragen keine Unwahrheit.“

Der Bischof machte eine Pause, wie wenn er überlegen müsste, welche Worte er jetzt wählen sollte. Dann fuhr er fort:

„Harald war homosexuell, und er stand nach schweren inneren Auseinandersetzungen zu seiner Veranlagung. Eer litt daran, dass ihm seine Kirche, die er sehr liebte, keinen Weg zeigen konnte oder wollte, wie er mit dieser Aufgabe, wie er mit seiner Sehnsucht zu leben und zu lieben, fertig werden konnte. Harald wurde krank, nicht nur an seiner Seele, er infizierte sich an einer Krankheit, die wir, trotz größter Bemühungen, immer noch nicht beherrschen können; im Gegenteil, sie breitet sich in immer neuen Varianten aus. Wer nun der Meinung ist, Aids sei eine Strafe Gottes – und nicht nur an Stammtischen kursieren solche Meinungen –, der entwürdigt Gott zu einem primitiven Rächer, der nach Willkür straft und zuschlägt. Das ist unser Gott nicht!

Denn wer von uns ist ohne Sünde, um den ersten Stein zu werfen? Diese Frage stellte schon Jesus an die Pharisäer, als sie sich selbstgerecht über die Ehebrecherin erhoben. Diese Frage ‚Wer ist unter uns ohne Sünde?' müsste sich hier jeder stellen, der so oder ähnlich denkt.

Christliche Moral zielt auch darauf ab", fuhr der Bischof fort, „dass Menschen, dass alle Menschen ihren Weg zu einer menschenwürdigen und verantwortungsbewussten Gestaltung der Sexualität finden, um so Gottes Absichten mit uns zu verwirklichen, die immer auf unsere Reife und unser Glück gerichtet sind. Ich muss hier bekennen, dass die Kirche und wir in ihr hinter Gottes Absichten weit zurückgeblieben sind. Dieses Schuldbekenntnis ist gerade angesichts des frühen Todes von Harald besonders wichtig.

Weil wir in der Kirche zu wenig miteinander reden und aufeinander hören, erfahren wir auch viel zu wenig von den ehrlichen Bemühungen vieler, die wir vorschnell an den Rand unserer Gemeinschaft abdrängen. Es kann und darf unter uns nicht sein, dass wir Brüder und Schwestern ausschließen, nur weil sie anders sind, anders fühlen, anders lieben als wir. Damit machten wir uns zum Maß aller Dinge. Ein geschwisterlicher Umgang fordert von uns, dass wir uns in unseren Gemeinden und in der Kirche um ein Klima bemühen, das dem Geist des Evangeliums Jesu entspricht: Menschen sollen sich eingeladen wissen, unter uns so zu sein, wie sie sind, und nicht, wie wir sie haben wollen ..."

An dieser Stelle seiner Ansprache löste sich Haralds Mutter aus der Trauerfamilie, ging auf den Bischof zu und umarmte ihn. Beifall, erst zögernd, dann immer stärker, erklang über der Stille des Friedhofs. Die Teilnehmer, die nicht zur kleinen Kapelle sehen konnten, reckten die Hälse, und andere sagten ihnen, was sie gesehen hatten. So setzte sich der auf einem Friedhof ungewohnte Beifall in Wellen hinter seinen Mauern noch eine Zeit lang fort.

Bischof Oliver schloss bewegt: „Dieses Zeichen einer Mutter ist für mich ein Zeichen der Versöhnung mit allen, die unter uns gelitten haben, die an der Kirche und an unserem Vorurteil gelitten haben. Ich hoffe, dass jeder von uns dieses Zeichen versteht, für sich und sein Verhalten versteht. Jeder von uns, der an anderen schuldig geworden ist, soll von dieser Trauerfeier versöhnt nach Hause gehen können. Dann hat der Tod von Harald auch für uns einen Sinn gehabt. Gott ist der Freund aller Menschen, und er ist doch zugleich der ganz Andere. Denken wir daran, damit wir einst vor ihm bestehen können."

Als Bischof Oliver den Friedhof verließ, ging er durch eine unübersehbare Mauer aus Menschen, die den Weg bis zu Haralds Elternhaus auf beiden Seiten säumten. Zum ersten Male hatte er nicht das Gefühl der Neugierde, die ihn sonst umgab, wenn er zu einer Amtshandlung empfangen wurde; er hatte das Gefühl, durch ein Spalier von Brüdern und Schwestern zu gehen, die mit ihm einer Meinung waren. Und in ihm stieg ein Selbstbewusstsein auf, das ihm die Kraft gab, sich voller Zuversicht schon in Gedanken auf die schwere Reise nach Rom zu machen.

■

Niemand
füllt
neuen Wein
in alte
Schläuche.
Neuer Wein
gehört
in neue
Schläuche ...

Bischof Oliver stand am Strassenrand und nahm den kleinen Rucksack auf. Ralf hatte ihn auf einem Rastplatz der Steigerwaldhochstraße abgesetzt. Bevor er die alles entscheidende Fahrt in den Vatikan antreten musste, wollte er noch einen „Wüstentag" halten. Zwei-, dreimal im Jahr leistete sich Oliver neben seinem Urlaub einen solchen Tag, nach einem Wort des Wüstenvaters Arsenios „Fuge, tace, quiesce". Oliver übersetzte es für sich so: „Geh weg, um im Schweigen auszuruhn!"

Mit ein wenig Obst und Brot im Rucksack, dazu die Taschenausgabe des Neuen Testaments und ein Notizbuch, lief er einfach, wohin ihn die Füße trugen. Er fand bald einen markierten Weg. Also wanderte er für zwei Stunden dem munteren Eichhörnchen-Zeichen nach, bis sich der Pfad im Dickicht des Waldes verlor. Offensichtlich hatte er in Gedanken eine Abzweigung verpasst. Zeit also, etwas zu essen. Er saß auf einem umgestürzten Baum und schlug dann das Neue Testament auf. Im Anhang fand er zufällig den Psalm 140. Den betete er:

„Rette mich, Herr, vor bösen Menschen ... Denn sie sinnen Böses in ihrem Herzen ... Der Verleumder soll nicht bestehen im Land ... Ich weiß, der Herr führt die Sache des Armen, er verhilft dem Gebeugten zum Recht. Deinen Namen preisen nur die Gerechten, vor deinem Angesicht dürfen nur die Redlichen bleiben."

Oliver atmete tief durch. Die herbe, würzige Luft und das Gebet taten ihm gut; sie ordneten seine Gedanken und machten ihn ruhig. Er blätterte im Markusevangelium und fand die Losung für den Wüstentag und darüber hinaus:

„Niemand näht ein Stück neuen Stoff auf ein altes Kleid; denn der neue Stoff reißt doch vom alten Kleid ab, und es entsteht ein noch größerer Riss. Auch füllt niemand neuen Wein in alte Schläuche. Sonst zerreißt der Wein die Schläuche; der Wein ist verloren, und die Schläuche sind unbrauchbar. Neuer Wein gehört in neue Schläuche" (2, 21.22).

„Neuer Wein gehört in neue Schläuche", wiederholte Oliver die Losung, die er wie einen Fingerzeig Gottes zum Weitermachen verstand, und machte sich wieder auf den Weg. Zunächst ging es durch niederes Gestrüpp; dann fand er wieder einen Karrenweg, der ihn in großen Windungen durch ein lang gestrecktes Tal führte. Ein wenig müde war er doch, als er ganz in der Ferne Kirchenglocken hörte. Es war dunkel geworden. Schließlich tauchten die ersten Häuser eines Dorfes auf. Als er das Ortsschild lesen konnte, musste er lächeln. Er war nicht mehr in seinem Bistum. Der lange Weg hatte ihn in die Nachbardiözese Bamberg entführt. Der dortige Bischof Heinrich – „unfruchtbar wie Kaiser Heinrich", sagten die Bamberger, „und eine Stimme wie Kunigunde" – hatte schon laut Überlegungen angestellt, wie er sein Bistum vor den gefährlichen Ideen des Würzburger Nachbarn schützen könne. Oliver musste an diesen Spott denken, wenn er daran dachte, dass Heinrich vielleicht einen Grenzzaun zwischen dem Erzbistum und dem Bistum bauen könnte.

Es war noch immer nicht gelungen, die Bistumsgrenzen den modernen Verkehrsströmen anzupassen; es gab in der Deutschen Bischofskonferenz dafür zwar einen Ausschuss, er war schon vor der Zeit Olivers einberufen worden. Aber jeder noch so vernünftige Vorschlag wurde von den Bischöfen abgeblockt, die eifersüchtig über ihr Terrain wachten wie ein Mondscheinbauer über jede Pflugbreite seines Ackers.

Oliver war ein wenig unentschlossen. Sollte er nicht doch Ralf anrufen und bitten, ihn abzuholen. Aber dann siegte der „Wüstentag“ in ihm: Annehmen, was einem geschenkt wird. Er fand den Ortspfarrer, als der die Treppe seines barocken Pfarrhauses hinaufstieg. „Ob es hier wohl einen Gasthof mit einer einfachen Übernachtungsmöglichkeit gebe?“

„Ja, in der ‚Krone‘.“

Der Pfarrer musterte den Fremden ... dann deutete er in Richtung Ortsmitte und war schnell in seinem Pfarrhaus verschwunden. Oliver freute sich, dass er nicht erkannt worden war und fand einen Platz im gemütlichen Gastzimmer. Der Wirt wunderte sich über den kleinen Rucksack, als der Bischof nach einem Bett fragte, und stieg mit ihm eine steile Treppe hinauf, um ihm das Zimmer zu zeigen. „Die Dusche ist noch über den Flur“, sagte er entschuldigend.

Ob er sich ein wenig an den Stammtisch setzen dürfe, fragte Oliver drei Männer mittleren Alters, als er gegessen hatte. Der Wirt hatte ihm Blut- und Leberwürstchen vom Schlachttag empfohlen; dazu gab es Bratkartoffeln und Sauerkraut, herzhafte Sachen, die der Bischof sehr liebte und so selten bekam. Die Angesprochenen sagten nichts, rückten aber zum Zeichen des Einverständnisses ein wenig zusammen. Es gab hausgebrautes Bier. Nach Steigerwälderbrauch wurde der leere Krug einfach auf die Seite gelegt, wenn man noch eine Halbe trinken wollte. Oliver, der diese Regel beherrschte, wurde schnell akzeptiert und in das Gespräch der Männer aufgenommen.

Am nächsten Morgen feierte Oliver die Messe im Kreise von drei Handvoll älterer Frauen mit. Bei der Kommunion musterte ihn der Pfarrer erneut ohne ein Zeichen des Erkennens; er runzelte die Stirne, als er im Gegensatz zu den Frauen Handkommunion erbat. Nach einer Sekunde des

Zögerns legte der Pfarrer dem Bischof die papierdünne Hostie in die Hand.

„Sie verteilen dich, Gott, gedankenlos wie Papier", dachte Oliver, „und du schmeckst wie Papier. Kein Wunder, dass so viele keinen Geschmack mehr an dir haben."

Nach der Messe fuhr Oliver mit dem Bahnbus nach Würzburg zurück.

Ralf erwartete ihn schon: „Der Termin für die geplante Fernsehsendung ‚Kirche 2001' ist ausgerechnet am Tag vor Ihrer Romreise. Dreimal dürfen Sie raten, wer noch dabei ist?! Die Herren Kardinäle von Köln und Berlin. Sie und diese beiden alten Knaben ...!!"

„Mehr Respekt vor dem Alter, auch wenn ich in diesem Spiel der Jüngste bin", lachte Oliver. „Und um welche Themen geht's?", fragte er, als er in der Küche saß und auf eine Tasse Kaffee wartete.

„Das Übliche", antwortete Ralf ein wenig schnoddrig: „Papst, Sex und Ewiges Leben!"

„Ewiges Leben ist doch schon mal gut", warf Oliver ein, „die Menschen machen sich wieder Gedanken um ihre Zukunft und um ihr Ziel. Darauf lässt sich ganz gut aufbauen."

■

Ich
kann mir
die Kirche
auch
ohne Papst
vorstellen ...

Die Fernsehsendung wurde von München ausgestrahlt; das passte gut in Olivers Zeitplan. Er konnte vom Studio aus direkt mit dem Zug weiter nach Rom fahren. Die Begrüßung der drei Kandidaten – sie trafen sich zur Besprechung eine Stunde vor der Sendung – war ziemlich steif; die drei Bischöfe hatten sich nichts zu sagen.

Die schweigsame Stille unter den Kollegen war peinlich, aber auch Oliver konnte sie, nach zaghaften, vergeblichen Versuchen, nicht durchbrechen. „Ralf hätte bestimmt kommentiert", lächelte Oliver in sich hinein, „die beiden Grufties sind sauer, weil sie so wenige Punkte gesammelt hatten."

Von den elf Bischöfen, die sich in einer ersten Sendung gestellt hatten, hatte der von Würzburg 49 Prozent der Stimmen bekommen. Die beiden Kardinäle folgten mit je elf Punkten abgeschlagen auf einem gemeinsamen zweiten Platz. Da sich die Kirchenfürsten von Köln und Berlin untereinander nicht sonderlich grün waren – sie hatten sich beide um den Vorsitz in der Bischofskonferenz beworben und waren gegen den alten Lehmann aus Mainz erneut durchgefallen – ärgerten sie sich vermutlich auch über den gemeinsamen Platz, den ihnen TED, der elektronische Schiedsrichter, zugemutet hatte.

Der Gesprächsleiter überreichte den Bischöfen einen Zettel. „Wir werden Sie zu den drei Themen, die Ihnen bekannt sind, zitieren; das Zitat stammt aus einer Predigt, aus einem Interview oder einem Ihrer Vorträge. Wir werden Sie bitten, dazu Stellung zu nehmen. Überprüfen Sie bitte, ob die Zitate stimmen, zumindest sinngemäß richtig sind. Übrigens die vom Publikum vorgeschlagenen Themen erreichten folgende Punktzahlen: Papsttum (15), Weiterleben nach dem Tode (26), Sexualmoral der Kirche (46) ..."

Auf Olivers Zettel standen folgende drei Sätze, die er in der letzten Zeit geäußert hatte:

„Ich kann mir die Kirche auch ohne Papst vorstellen" – „Die letzten Wahrheiten werden nicht am Stammtisch aufgeklärt." – „Es gibt noch viel zu viel Verhütungsmittel zwischen den Menschen". Der Bischof war erstaunt über die Informationen, die den Fernsehleuten zur Verfügung standen; die drei Zitate stammten aus Äußerungen, die er an verschiedenen Orten bei verschiedenen Gelegenheiten gemacht hatte; die Worte waren zwar aus einem größeren Zusammenhang genommen, aber korrekt.

„Bitte denken Sie daran, Sie haben maximal sieben Minuten Zeit, weil sich an Ihre Statements eine Telefondiskussion anschließen wird. Insgesamt 90, hoffentlich spannende Minuten."

Dann ließ der Gesprächsleiter die drei wieder allein.

Oliver steckte den Zettel weg und betrachtete die modernen Bilder, meist große, abstrakte Farbmuster, die im Besprechungsraum aufgehängt waren. Er wollte sich für die Sendung entspannen und nicht lange darüber nachdenken, was er sagen sollte. Geduldig ließ er sich zehn Minuten vor dem Start von einer Maskenbildnerin schminken; und als er gefragt wurde, was er trinken möchte, antwortete er zum Erstaunen der Bedienung: „Alles, nur keinen Orangensaft; am liebsten Bier." So war es kein Wunder, dass die Kamera bei ihrem Schwenk über die Runde der geistlichen Würdenträger am guteingeschenkten Pils des Würzburger Bischofs einige Sekunden hängen blieb.

■

Glücklicherweise war der Zug nach Rom nur mäßig besetzt. Bischof Oliver hatte sich einen Platz am Fenster reservieren lassen; zwei weitere Personen im Abteil konnten ihn schon deswegen nicht stören, weil sie die Beine lang ausgestreckt hatten und tief schliefen. Im dämmernden Tag gab es da und dort noch einige Nebelfelder; aber das Wetter versprach schön zu werden. Je weiter der Zug nach Süden vorankam, desto klarer wurde es. Oliver begann zu träumen. Er sah Johannes XXIII., ganz in Zivil, auf sich zukommen. Doch jedes Mal, wenn er ihm die Hand reichen wollte, war der Papst verschwunden. Oliver schreckte dann auf und begann den gleichen Traum wenig später von vorne. Er wurde erst ganz wach, als der Zug in Trient, der Stadt des großen Reformkonzils, einfuhr. Ein Schaffner kam und bot Kaffee an; da erst bemerkte Oliver, dass er allein im Abteil war. Seine Begleiter waren ausgestiegen. Er war allein. Wer fuhr schon im November nach Italien?

Die
letzten Wahrheiten
stehen nicht
in der
Boulevardpresse …

Der Kaffee war lauwarm und schmeckte nach Pulver. Oliver steckte eine Kassette in seinen kleinen Recorder und hörte den Text-Mitschnitt der Sendung ab. Der Fernsehredakteur hatte sie ihm mitgegeben mit der Bitte, gelegentlich für ein weiteres Interview zur Verfügung zu stehen.

„... die Sendung der zwölf Apostel, die Jesus ausgewählt hatte, ist auf die Bischöfe übergegangen, und zwar auf alle, nicht nur auf den Bischof von Rom. Schon deswegen kann ich mir die Kirche auch ohne Papst vorstellen. Die orthodoxen Kirchen zum Beispiel sind auch mit einer Art Ehrenvorrang des Patriarchen sehr gut gefahren. Gleiches könnte ich mir für den Papst denken; der Bischof von Rom als der erste Christ für die ganze Christenheit. Der Papst also nicht als eine Machtperson, sondern als eine Integrationsfigur aller Christen in der Welt, gleich welcher Konfession. Das könnte die Einheit nur beschleunigen. Das Gemeindemodell Jesu, so jedenfalls geben es die Evangelisten wieder, war ohnedies von der Ablehnung jeglicher Herrschaftsform geprägt. Das Amt in der Kirche kann es deswegen nur als Dienst geben, nie als autoritäre Bevormundung. Zur Stabilisierung der christlichen Gemeinden von oben muss endlich auch die Stabilisierung von innen kommen, wie es der Petrusbrief ausdrückt: ‚Ihr seid ein auserwähltes Volk, eine königliche Priesterschaft, ein heiliges Volk' (2, 9). Die Stabilisierung von oben musste teuer erkauft werden: durch Verhärtung, durch die Verbiegung des Evangeliums, die Unterdrückung der Frau, durch viele Menschenopfer auf dem vermeintlichen Altar des wahren Glaubens. Es geht mir in meiner Amtsführung vor allem darum, den Dienstcharakter des Bischofsamtes herauszustellen, damit jeder einzelne Christ in dieser Kirche seine Würde und seinen Auftrag wieder finden kann …"

„… über das wiedererwachte Interesse an einem Fortleben nach dem Tode freue ich mich sehr. Denn da hat die Kirche den Menschen viel zu sagen. Schließlich ist Jesus von Nazaret ein verlässlicher Zeuge des neuen Lebens bei Gott, das alle Menschen erwartet. Nur, diese letzten Wahrheiten stehen nicht in der Boulevardpresse; man muss sich selber darum bemühen. Der erste Schritt dieses Bemühens ist ganz diesseitig. Es geht zunächst um die Anerkennung der Verantwortlichkeit eines jeden einzelnen für dieses Leben. Das zweite: Wir müssen uns frei machen von allen noch so gut gemeinten Ausmalungen dieses ewigen Lebens, die seit der Schrift bis zum heutigen Tage entstanden sind und uns allemal falsche Bilder zeigen. Zum dritten müssen wir daran glauben, dass das Leben, das uns bei Gott erwartet, voll ist von seiner Unbegreiflichkeit und seiner Liebe, wie auch von seiner Endgültigkeit. Von daher sollten wir unser Leben hier gestalten. Das heißt, hier in dieser Welt so leben, dass wir den Geschmack am ewigen Leben mit Gott nicht verlieren …"

„… damit war von mir gar keine Stellungnahme zu Fragen der Familienplanung gemeint. Ich wollte unter diesem Bild eigentlich nur sagen, dass es zwischen den Beziehungen der Menschen viel zu viel ‚Gummi' gibt. Wir kommen nicht zueinander, weil uns Ängste, Vorurteile, Missverständnisse hindern, offen und frei aufeinander zuzugehen. Diese Arten von Verhütungsmitteln sind menschenfeindlich. – Aber damit unsere Zuschauer von meiner Antwort jetzt nicht enttäuscht sind, sage ich, auch gegen die Meinung meiner beiden Mitbrüder im Bischofsamt, die vorher so ausführlich, und, wie ich meine, einseitig dargelegt wurde: Jede Verhütungsmethode, die von beiden Part-

STAUBER

nern in Liebe und in Kenntnis der Konsequenzen verantwortet wird, ist moralisch in Ordnung. Unsere Kinder haben das Recht, erwünschte Kinder zu sein, auch wenn es Christen gut ansteht, im Ja zum Kind nicht kleinlich zu rechnen. Jedenfalls: Auch Christen sind zur Familienplanung verpflichtet. Das bedeutet, je nach Lage der Dinge, Ja oder Nein zum – weiteren – Kind.

Geboten sind um des Menschen-, und damit auch um Gottes willen, alle Verhütungsmittel, die eine lebensgefährliche Ansteckung verhindern sollen, wenn sexuelle Enthaltsamkeit nicht möglich ist ..."

Verona. Oliver erinnerte sich an die Aida-Aufführung in der weltbekannten Kulisse, die er vor Jahren besucht hatte und die wegen eines gewaltigen Gewitterregens abgebrochen werden musste. Sie hatten sich damals in eine völlig überfüllte Pizzeria geflüchtet, und der Wirt sang, wie zur Entschädigung, einige Partien aus der Oper. Ein Weile trällerte Oliver vor sich hin ...

Die Po-Ebene im Nebel. Noch immer verfrachtet der große Fluss Unmengen von Giftschlamm in die Adria. Baden in der Adria ist schon seit Jahren nicht mehr möglich. Bologna. Der Zug durchquert in langen Tunnels die Apenninen. Prato. Florenz. Orvieto, die Stadt, in der zum ersten Male das Fronleichnamsfest gefeiert wurde; sind da nicht die herrlichen Mosaiken an der Außenfassade der Kathedrale? ... Dann Rom, die Heilige Stadt. Ein wenig verloren kam sich Oliver schon vor im riesigen Stazione Termini. Es war Nacht geworden; Oliver fröstelte. Er nahm ein Taxi und fuhr direkt zum Petersplatz. Gleich neben dem Vatikan hatte er sich bei den Spanischen Schwestern ein Zimmer reservieren lassen.

■

Oliver fand sich nach der Audienz bei Mazzoli auf dem Platz vor St. Peter wieder. Mutterseelenallein. So jedenfalls fühlte er sich. Eine Mischung aus Zorn und Enttäuschung, Wut und Trauer stieg in ihm hoch. Nach dem Gespräch, das nur etwa eine halbe Stunde gedauert hatte, ach was! Gespräch!, es war ein einsamer, unerbittlicher Monolog des Kardinalstaatssekretärs gewesen, der sich kaum die Zeit nahm, aus dem Akt vor ihm aufzublicken, war Oliver wie auf der Flucht durch die endlosen Gänge des Vatikans bis zum Ausgang gerannt und erst stehen geblieben, als er die Schweizer Gardisten hinter sich hatte. Die hatten nicht einmal salutiert, weil das im Vatikan nur ab Prälat aufwärts üblich ist; Oliver war in seinem einfachen Dunkelgrau nicht als Bischof zu erkennen gewesen. Damit hatte der Kardinal auch gleich angefangen. „Sie wissen doch, was der Heilige Vater in Kleiderfragen schon von seinen Priestern mit Recht erwarten kann ...!"

Oliver trug seine Aktentasche als gehöre sie nicht zu ihm. Nicht einmal die sorgfältig vorbereiteten Papiere, die Vorschlagsliste für den neuen Weihbischof, ein kurzgefasster Lagebericht der Diözese Würzburg, eine Zusammenstellung der wichtigsten geplanten Aktionen im Bistum, die Zusammenfassung von Bitten der gewählten Räte an den Papst, konnte der Bischof dem Kardinal hinter seinem gewaltigen Schreibtisch überreichen. Mit spitzen Fingern, als beschmutze er sich, hatte Mazzoli die Papiere über die leere Mahagoniplatte zurückgeschoben: „Geben Sie das in meinem Sekretariat ab!" Oliver aber hatte es nicht fertig gebracht, sich nach dem äußerst förmlichen Abschied noch einmal zu einer vatikanischen Verwaltungsstelle durchzufragen. Am liebsten hätte er den ganzen Aktenaufwand im hohen Bogen in den Tiber geworfen.

Er starrte in die gelbbraune Schmutzbrühe, die langweilig an Trastevere vorbeischob. Das gemauerte Flussufer war über und über mit politischen und pornografischen Parolen besprüht. Am schmalen Ufer zwischen Fluss und Mauer hatten an diesem diesigen Novembernachmittag drei Stadtstreicher ein kleines Feuer gemacht und wärmten sich auf. Die Chiantiflasche kreiste. Am liebsten hätte sich Oliver zu ihnen gesellt und mitgetrunken, so verraten und verkauft kam er sich vor. „Die drei haben keine Probleme", überlegte Oliver. „Vielleicht doch?" Er war drauf und dran, die schmale Steintreppe am Kai hinunterzusteigen ...

„Wir sind doch nicht lebensmüde?" Bischof Oliver zuckte zusammen und drehte sich um. Mit leicht oberbayerischem Akzent hatte ihn eine attraktive Frau, blond, wohl Ende dreißig, angesprochen.

„Nein, dazu reicht es noch nicht", antwortete Oliver mit einem sarkastischen Lächeln, das seine tiefe Trauer verbergen sollte. „Zudem ist mir der Tiber zu dreckig. Sie kommen aus München?"

„Ja und Nein", erklärte die Attraktive. „Ich bin seit fast 18 Jahren Römerin, durch meine Heirat", fügte sie schnell hinzu, „und seit 15 Jahren war ich nicht mehr in München. Ich habe Sie als Deutschen sofort erkannt, schon an der Aktentasche."

„Darf ich Sie dann zu einer Tasse Kaffee einladen?", fragte Oliver, „nachdem Sie mich gerade vor dem Sprung in den Tiber bewahrt haben, ist das nur recht und billig."

„Danke. Es ist immer schön, mit einem Landsmann zu plaudern. Vor allem in dieser Jahreszeit. Woher kommen Sie übrigens? Oh, ich sollte mich erst einmal vorstellen: Maria Bartolucci."

„Oliver Maß. Ich komme aus Würzburg."

„Ach ja. Main, Stein und Frankenwein! Kommen Sie, gleich in der ersten Seitenstraße ist ein sehr gemütliches Café."

„Bartolucci? Bartolucci!“ Oliver rührte in seinem doppelten Milchkaffee. „Der Name erinnert mich an einen Kardinal.“

„Getroffen. Ich habe den Großneffen des früheren Kardinalstaatsekretärs geheiratet. Ganz noble Familie, in die ich nie so recht hineingepasst habe. Seit zwei Jahren bin ich geschieden. Mein Mann hat mir großzügigerweise ein Appartement hier in Trastevere überlassen. Auch im Scheitern haben die Bartoluccis noch Stil. Meine Schwiegermutter besucht mich regelmäßig jeden Dienstag, sie vergisst mich nie, wie sie nie ihren Bridgenachmittag versäumen würde.“

„Geschieden?“

„Wir hatten keine Kinder. Das ist für italienische Männer etwas Schreckliches. Sie fühlen sich in der Gesellschaft als minderwertig. Obwohl ich nachweislich nicht schuldig an der Kinderlosigkeit war, ging unsere Ehe deswegen in die Brüche. Carlo wollte so seine Ehre retten. Er hat, wie sich das für seine Familie gehört, die Annullierung unserer Ehe bei der Rota eingereicht. Das Ganze läuft noch. Die Mühlen mahlen in Rom auch mit Beziehungen sehr langsam. Carlo lebt jetzt mit einer Freundin zusammen, das verpflichtet ihn nicht zum Kinderkriegen. – Sie haben beruflich in Rom zu tun?“

„Erraten.“ Oliver lächelte. „Im trüben November kommt man nur dienstlich in die Heilige Stadt.“

„Wo wohnen Sie?“

„Bei den Spanischen Schwestern.“

„Dann sind Sie bestimmt Priester.“ Frau Bartolucci musterte Oliver. „Oder etwas Höheres. Stimmt's? – Darf ich Sie dennoch zum Abendessen einladen, oder speisen Sie lieber mit Johannes Paul III.?“

Oliver spottete zurück: „Ich werde der spanischen Heiligkeit ganz einfach wegen einer schönen Frau absagen müssen, auch wenn er kein Verständnis dafür haben dürfte. – Wann sehen wir uns?"

„Ich hole Sie mit meinem Fiat bei den Schwestern ab. Passt es um acht?"

„Einverstanden."

„Mille grazie für den Kaffee." Maria Bartolucci erhob sich. „Wir sehen uns später."

Oliver ärgerte sich, dass er beim Abschied sitzen geblieben war. Dann bestellte er sich noch einen Espresso. Er musste den faden Milchkaffee hinunterspülen.

Diese kleine Begegnung mit Maria Bartolucci hatte Bischof Oliver wieder so in die Reihe gebracht, dass er Leo, einen Studienkollegen aus der Universitätszeit, besuchen wollte. Leo war Franziskaner und seit drei Jahren in der Pönitentiarie tätig. Franziskaner aus allen Ländern der Erde wohnen im Vatikan und stellen die Beichtväter für den Petersdom und für die Nonnen in den Klöstern der Hl. Stadt; gelegentlich auch für den Papst. Von Pater Leo stammte das Wort, das schnell die Runde gemacht hatte: „Es ist viel leichter, einem Dackel die Beine gerade zu biegen, als vor Priestern zu predigen oder Nonnen die Beichte abzunehmen."

Oliver schlenderte langsam zum Vatikan zurück. Links neben St. Peter, am Campo Santo Teutonico, dem Deutschen Friedhof, ließ er sich durch den Schweizer Gardisten eine Telefonverbindung geben. Leo war zu Hause.

„Ich hole dich am Eingang ab", sagte er fröhlich. „Die Sicherheitsbestimmungen sind seit einiger Zeit mehr als streng."

Entweder
du wirst
Kardinal
oder
entlassen …

„Das ist eine Überraschung. Du hast mir gar nicht geschrieben, dass du nach Rom kommst." Leo umarmte Oliver stürmisch. „Was ist los?" Er trat prüfend einen Schritt zurück. „Gibt's etwa Ärger?"

„Du, ich hab' dir diesmal kein fränkisches Bauernbrot mitgebracht, wie sonst", sagte Oliver sich entschuldigend. „Ich habe in der Eile einfach nicht an diese Selbstverständlichkeit gedacht."

Leo schien ein wenig enttäuscht: „Kein Brot, kein Bier! Dafür war ich nicht bei deiner Bischofsweihe", revanchierte er sich. Dann fragte er noch einmal: „Was hat denn dein Überfall zu bedeuten?"

„Ich war zitiert, zu Mazzoli", erklärte Oliver.

„Mazzoli? Na, entweder wirst du demnächst Kardinal oder entlassen", foppte Leo.

„Du liegst gar nicht so falsch", sagte Oliver bitter. „Ich werde das Handtuch werfen müssen. Ich bekomme noch in diesem Jahr einen Koadjutor mit dem Recht der Nachfolge. Und Mazzoli drängt darauf, dass die Nachfolge möglichst schnell und ohne Aufsehen über die Bühne geht. Ich soll aus gesundheitlichen Gründen nach Weihnachten zurücktreten. Ich habe mich in verschiedenen Dingen, z. B. beim Thema Zölibat, zu weit vorgewagt."

Leo blieb vor dem Eingang zur Pönitentiarie stehen. „Das gibt's doch nicht! Hast du mit Lasalle gesprochen? Der ist doch seit über einem Jahr für die Bischofsangelegenheiten zuständig und nicht Mazzoli. Ich hab' einen direkten Draht zu ihm. Soll ich ...?"

„Lass das, Leo. Die Sache kommt anscheinend direkt vom Papst. Ich bin nun einmal die große Enttäuschung von Johannes Paul III., sagt Mazzoli; ein Bischof, der die lebenswichtige Einheit der Kirche in Gefahr bringt mit seinen unmöglichen Ideen, mit seiner Art zu leben und mit seiner Einstellung. Der Heilige Vater wundert sich, sagt Mazzoli, und ist sehr besorgt. Und du kennst ja auch das Kirchenrecht: Gegen ein Urteil oder ein Dekret des Papstes gibt es weder Berufung noch Beschwerde. Dieser Satz, der dem Papst höchste Autorität gibt, wird leicht überlesen, aber im Ernstfall greift er, wie man sieht."

Ohne ein weiteres Wort führte Leo seinen Besucher ins Sprechzimmer. Oliver schaute sich um. Das Zimmer war in den letzten Jahren nicht verändert worden. Die Möbel schienen aus der vatikanischen Sperrmüllsammlung zu stammen; sie waren bunt zusammengestellt und erinnerten eher an das Sprechzimmer eines mittelalterlichen Gefängnisses.

„Du weißt", sagte Leo, „dass ich auf meinem Zimmer nicht einmal einen zweiten Sessel habe."

„Ich hätte mir schon längst einen aus dem vatikanischen Museum geklaut." Oliver hatte seine Fassung wieder gefunden.

■

Oliver hatte sich in seinem Zimmer bei den Spanischen Schwestern kaum etwas frisch gemacht und das Hemd gewechselt, als die Oberin klopfte: „Sie werden in der Halle erwartet, Exzellenz. Frau Bartolucci möchte Sie abholen. Wir haben den Bartoluccis viel zu verdanken. Der Kardinal war ein großer Wohltäter unserer Gemeinschaft." Die Oberin rieb sich verlegen die Hände: „Sie werden vermutlich nicht an unserem bescheidenen Abendessen teilnehmen?"

„Nein, danke! Bis zum Frühstück, Schwester Oberin."

Oliver griff nach dem Bildband von Würzburg, den ihm Ralf vorsorglich ins Gepäck gesteckt hatte. „Bis zum Frühstück? – Wenn er sich da nicht missverständlich ausgedrückt hatte!", dachte der Bischof mit einem Anflug von Röte im Gesicht. Dann verabschiedete er sich. Die Oberin öffnete mit undurchdringlicher und doch erfahrener Miene die Pendeltüre, durch die schon viele kirchliche Würdenträger gegangen waren.

Die Straßen waren an diesem nasskalten Abend wie leergefegt, als die beiden nach Trastevere fuhren. „Ein Bischof im Kleinwagen mit einer Frau am Steuer", lächelte der Bischof in sich hinein.

„Hoffentlich mögen Sie Lasagne?", fragte Maria Bartolucci. Oliver antwortete nicht, und die Römerin aus München sah ihn von der Seite an. „So, da wären wir. Wir nehmen den Aufzug. Ich wohne im 6. Stock, ganz unterm Dach."

Oliver staunte über die Einrichtung. Das supermoderne Studio war geschmackvoll mit Möbeln aus der Renaissancezeit ausgestattet.

„Mein Mann hat sich zum Abschied nicht lumpen lassen", sagte Frau Bartolucci, als sie den Kennerblick Olivers bemerkte. „Zum Teil stammen die Sachen vom Großonkel, dem Kardinal. Wir haben ziemlich viel von der grauen Eminenz geerbt. Ich fühle mich wohl in diesen Möbeln."

Ein wenig unbeholfen überreichte Oliver seiner Gastgeberin den Bildband von Würzburg. Maria schlug den Band auf: „Ich war nur zweimal in der Stadt, einmal hatten wir sogar Karten zum Mozartfest. Das wird es wohl noch in Würzburg geben? Ah, Entschuldigung Exzellenz, ich hatte nicht gewusst, dass Sie Bischof sind." Frau Bartolucci hatte eine kleine Visitenkarte gefunden, die dem Buch beilag: „Oliver Maß, Bischof von Würzburg. Mit den besten Empfehlungen".

Oliver wurde ein wenig rot und dachte: „Was Ralf macht, das macht er dummerweise immer ganz."

■

Die
altgewohnten
Formeln
zergliederten
sich
in seinem
Gehirn ...

OLIVER WUSSTE SELBER NICHT, warum er Rom einen Zug früher verlassen hatte als geplant. Hatte er Angst vor der Bartolucci gehabt oder war es ganz einfach die ungewisse Zukunft gewesen, die ihn die Stunden nicht genießen ließ? Für den Mittagszug hatte er keine Reservierung. Es war ihm nur mühsam gelungen, im Zug noch einen freien Platz zu entdecken; nur gut, dass er wenig Gepäck hatte. Dafür hatten die mitreisenden Italiener um so mehr. Sie wollten nach Mailand, wie er ihrem Gespräch entnehmen konnte.

Kaum hatte der Zug die Bannmeile Roms verlassen, öffnete die Matrone, eine füllige, eindrucksvolle Dame, einen riesigen Korb und servierte eine Mischung aus zweitem Frühstück und Mittagsmahl. Dazu kreisten einige Flaschen herben Landweins. Oliver wurde, ob er wollte oder nicht, mit in das gemeinsame Essen einbezogen.

Das laute Gespräch, zwischen Schinken, Salami und Parmesan, wurde mit Gesten, mit Händen und Füßen, geführt. Oliver war bald klar, dass die Gesellschaft zur Hochzeit der jüngsten Tochter unterwegs war, dass der Vater der Braut leider schon verstorben sei und wie sehr sie es bedauerten, dass der vornehme Herr aus Deutschland nicht mit ihnen zur Feier aufs Land kommen könne. Ja, es sei eine ungewöhnliche Zeit zum Heiraten. Aber die besonderen Umstände ... Dennoch sei er sehr willkommen. Doch bald versiegte die Unterhaltung, je mehr Rotweinflaschen geleert waren und die zahlreichen Tunnels bei der Apenninendurchquerung die Schlummerbereitschaft der Gesellschaft erhöhten.

Oliver blätterte müde in seinem Brevier und schlief schließlich selber ein. In Mailand wurde er durch ein großes Getöse geweckt. Die Besatzung seines Abteils verabschiedete sich mit einigem Aufwand. Dann war Oliver wieder allein. Er blieb es auch, als der Zug nach einer guten halben Stunde die große Bahnhofshalle verließ. Die Nacht brach bereits herein. Die Tage Ende November sind kurz. Oliver trank im Speisewagen einen Kaffee und kehrte in sein Abteil zurück.

Er starrte in die Dunkelheit mit ihren vorbeihuschenden Lichtern, und plötzlich brachen mit ihrer ganzen Wucht die römischen Ereignisse über ihn herein wie ein gewaltiger Felssturz.

Mazzoli: „Sie werden aus gesundheitlichen Gründen nach Weihnachten zurücktreten!"

Maria Bartolucci: „Ich würde aufgeben. Bleiben Sie doch hier. Was glauben Sie eigentlich, wieviele ehemalige Priester es in Rom gibt!"

Mazzoli: „Der Heilige Vater ist sehr besorgt. Die Entwicklung in Ihrer Diözese, wir wurden ausführlich informiert, ist, auch im Blick auf die Kirche in Deutschland, höchst bedenklich."

Maria Bartolucci: „Wenn Sie wüssten, was in den besten Kreisen mit den Kardinälen so alles läuft!"

Mazzoli: „Sie sind gegen den Zölibat, wurde uns berichtet, und ermöglichen Ihren Priestern ein offenes Konkubinat. Der Heilige Vater ist darüber sehr bekümmert."

Maria Bartolucci: „Gegen die Kurie kommen Sie nicht an; da haben sich schon Stärkere die Zähne ausgebissen."

Mazzoli: „Keiner der deutschen Bischöfe billigt Ihren Lebensstil. Sie vertreten eine heilige Religion; da sind Würde und Stil vorausgesetzt."

Maria Bartolucci: „Einer meiner Freunde hat ein kleines Landhaus bei Palestrina; er wird es Ihnen gerne für einige Zeit überlassen."

STAUBER

Mazzoli: „Auch der Peterspfennig ist in diesem Jahr in Ihrer Diözese erheblich zurückgegangen. Geld ist nicht das Entscheidende, aber in Ihrem Fall ist das ein Indiz."

Maria Bartolucci: „Wissen Sie, diese Kirche von Rom hat sich bald überholt. Wofür haben Sie dann gelebt?"

Mazzoli: „Ihre Einstellung zur Sexualität, und im besonderen zu Homosexuellen, ist einfach skandalös; Sie haben sich schon sehr weit von der wahren Lehre der Kirche entfernt. Dieses Begräbnis ...!"

Maria Bartolucci: „Ich helfe Ihnen gern über die schwierige Zeit hinweg."

Mazzoli: „Wie wir gehört haben, gehören Sie auch zu den entschiedenen Gegnern des römischen Generalkatechismus. Er ist in Ihrer Diözese, trotz mehrfacher Aufforderung, immer noch nicht eingeführt."

Oliver stand auf und öffnete das Fenster. Ein scharfer Windzug traf seine erhitzte Stirne. Er schloss das Fenster sofort wieder und setzte sich. Da war auf einmal wieder der Schmerz, der schneidend den Nacken hochzog, über den Kopf ging und sich in der Stirne festsetzte. Ihm wurde übel. Er massierte ein wenig den Nacken und die Stirne. Doch der brennende Schmerz blieb. Oliver sehnte sich nach Hause.

Er holte aus seiner Hosentasche den Rosenkranz heraus. Aber die altgewohnten Formeln zergliederten sich in seinem Gehirn mit seinen Gedanken zu einem undefinierbaren Durcheinander. Der Zug ratterte dazu im Takt und stampfte den Brenner hinauf:

„... der für uns Blut geschwitzt hat."

„... du bist alt genug, du brauchst dich nicht kaputtmachen zu lassen."

„... dein Wille geschehe."

„… diese kastrierten Typen haben ja keine Ahnung."
„… der Herr ist mit dir, du bist gebenedeit …"
„… du hast schließlich auch ein Gewissen."
„… die Frucht deines Leibes, Jesus."
„… was Jesus dazu sagen würde?"
„… Heilige Maria, Mutter Gottes."
„… die Bartolucci hat doch auch gesagt … Schließlich weiß sie noch besser, was im Vatikan gespielt wird."
„… der für uns mit Dornen gekrönt worden ist."
„… Leo hat einen direkten Draht; ich hätte doch …"
„… jetzt und in der Stunde."
„… soll ich wirklich alles hinschmeißen und viele enttäuschen?"
„… unseres Todes. Amen."
„… nein, das kannst du, das darfst du nicht!"
„… jetzt und in der Stunde unseres Todes. Amen."

Oliver gab es auf. Er konnte keinen klaren Gedanken fassen, so sehr er sich auch abmühte. Also krümelte er sich in der Ecke unter seinem Lodenmantel zusammen und versuchte ein wenig zu schlafen.

„München. München Hauptbahnhof. Der Zug endet hier. Bitte aussteigen." Oliver schreckte auf: „… endet hier! Ist das das Ende?"

Einer plötzlichen Eingebung folgend, verstaute er sein Gepäck in einem Schließfach und ging in den frühen Morgen. Es war noch nicht viel los in der „Stadt mit Herz"; eine Straßenbahn kreischte, als sie die große Kurve nahm, ein Stadtstreicher hielt ihm die Hand entgegengestreckt und brabbelte dabei in seinen struppigen Bart. Straßenkehrer waren unterwegs. Am Karlsplatz bog Oliver in die Fußgängerzone ein. Die Bürgerkirche war schon offen; am Grab Rupert Mayers brannten wie eh die Öllichter. Am Beichtstuhl gleich am Eingang rechts glimmte ein rotes

Licht. Kurz entschlossen trat er ein und kniete sich auf die schmale Bank. Das junge, offene Gesicht eines Jesuitenpaters wandte sich ihm zu: „Gott, der gütige Vater segne dich. Er öffne dein Herz, dass du deine Schuld erkennen und von deinem falschen Weg umkehren kannst ..."

Draußen räusperten sich die Wartenden, die sich inzwischen auf beiden Seiten angesammelt hatten. Als Oliver endlich nach einem langen Gespräch mit dem jungen Priester den Beichtstuhl verließ, trafen ihn vorwurfsvolle Blicke.

■

Oliver frühstückte nach der Messe im Restaurant des Kolpinghauses. Dann nahm er sich ein Zimmer. Er bekam sein Zimmer, in dem er schon einige Male übernachtet hatte. Neben dem Kreuz über der Türe war der einzige Schmuck eine brave Radierung, die den Gesellenvater Adolf Kolping im Kreis von Jugendlichen zeigte. Darunter das Wort: „... er tat ihnen sein Haus auf."

Dann rief er seinen Freund an, der in der Klinik „Rechts der Isar" Chefarzt war.

„Was machst du denn in München?", fragte Heiner.

„Kannst du mich durchchecken? Heute noch?", fragte Oliver zurück.

„Fehlt dir etwas?" Die Stimme Professor Steinerts klang besorgt.

„Nein, Gott sei Dank. Nur so", antwortete Oliver ein wenig unsicher. „Ich dachte, ich könnte ..."

„Schon gut, schon gut", meinte Heiner am anderen Ende. „Bist du noch nüchtern? Wenn nicht, machen wir das Labor morgen. Bitte komm gleich. Ich nehme mir Zeit für dich."

Die
Mauer
endlich
durchbrechen,
die
uns alle
gefangen
hält ...

„Gratuliere, du bist für dein Alter kerngesund." Professor Steinert legte seinen Arm freundschaftlich um Oliver. „Damit kann der Bischof von Würzburg alt werden. Lediglich die Leber signalisiert, dass du ganz gerne ein Bierchen trinkst, oder sollte es der Frankenwein sein? Na ja, sie wird's verkraften, wenn du ab und zu eine Pause machst. – Du scheinst dich über das Ergebnis gar nicht zu freuen?"

„Also kann ich nicht mit gutem Gewissen aus gesundheitlichen Gründen zurücktreten?", fragte Oliver.

Heiner brachte den Mund nicht zu: „Bist du verrückt?"

„Schön wär's", meinte Oliver trocken. „Auch das wäre eine Möglichkeit im Sinne des Kardinalstaatsekretärs." Und er berichtete, was ihm in Rom widerfahren war.

„Ich hoffe, du bleibst im Amt!" Heiner sagte es in beschwörendem Ton. „Du weißt, dass ich dich gerne in München hätte, als Kardinal. Im Diözesanrat haben wir ganz schönen Ärger mit unserem Purpurträger. Die Kirche, auch die in München, verschließt sich immer mehr; Fulda, Köln, Augsburg und jetzt auch noch München. Die Konservativen der stärksten Sorte haben wieder das Sagen. Besonders die Opus-Dei-Leute entfalten sich auf bedenkliche Weise, seit ihnen der Augsburger Bischof ein Bildungszentrum geschenkt hat. Es ist an der Zeit, dass wir die Mauer zerbrechen, die uns alle gefangen hält. Was die Gläubigen in Chur nach fünf langen Jahren des Widerstandes fertig gebracht haben, müssen auch wir schaffen. Ich habe dabei auf dich gesetzt. Wenn du mich brauchst, lass es mich wissen."

„Den Bischof von Chur hat das Volk gezwungen zurückzutreten", dachte Oliver, „und der Papst hat nachgeben müssen. Ich werde vom Papst gezwungen, und das Volk wird nachgeben müssen."

Ausgestattet mit seinem Gesundheitsgutachten, bestieg Oliver am Abend den ICE. In zwei Stunden würde er zu Hause sein. Zu Hause?

Im Brevier hatte er das Schriftwort aus dem 2. Korintherbrief gelesen: „Wir wollen nicht Herren über euren Glauben sein; wir sind Helfer zu eurer Freude." So hatte Paulus, so hatte die Kirche der ersten und zweiten Generation das Evangelium verstanden und weitergesagt. Nicht Herren über euren Glauben! Die Monsignori, die Herrlein in Rom und anderswo, spielen den lieben Gott gegen die Hoffnung und die Erwartung der Menschen. Das wollte, das durfte, das würde er nicht zulassen! Er würde nicht zurücktreten und es auf einen Kampf mit Rom ankommen lassen. Dieser Kampf würde nicht einfach sein.

Oliver ging vieles durch den Kopf, mit dem er sich in der letzten Zeit beschäftigen musste. Der Vatikan hatte nicht nur das Imprimatur wieder eingeführt, die kirchliche Druckerlaubnis, ohne die kein Theologe etwas veröffentlichen konnte, es war auch daran gedacht, einen neuen Index librorum prohibitorum, ein Verzeichnis der für Katholiken verbotenen Bücher zusammenzustellen. Wer zum Beispiel „Erlösung" mit „Befreiung" übersetzte, der war verdächtig. Johannes Paul III. hatte 1999 eine Enzyklika eigens gegen die Theologie der Befreiung verfassen lassen. In diesem Text konnte sich die Kurie wieder einmal austoben und aus gesicherten Positionen heraus gegen alle Christen argumentieren, für die Befreiung auch eine Erlösung aus dem menschenunwürdigen Elend bedeutete. Hunderte Priester und Ordensleute in Lateinamerika waren nach dem Rundschreiben „Über die wahre Erlösung" in den kirchlichen Untergrund gegangen. Sie hatten sich erst gar nicht den Lehrzuchtsverfahren ihrer konservativen Bischöfe ausgesetzt und unabhängige Basisgemeinden gegründet. Zwei Franziskanerbischöfe, beide hochbetagt, hielten nach der Genehmigung ihres Rücktrittsgesuches zum Beispiel in Brasilien Kontakte zu diesen Gemeinden, in denen sich im Blick auf die Enzyklika das Wortspiel gebildet hatte: „Wer befreit uns von der wahren Erlösung?" Die Weihe der ersten Untergrundpriester stand unmittelbar bevor. Das war der erste Schritt zu einer Spaltung, die alleine von Rom zu verantworten war. Die Linken in der Kirche konnten jedenfalls nicht mit soviel Nachgiebigkeit rechnen, die in den achtziger Jahren dem ultrarechten Alterzbischof Lefèbvre zuteil geworden war. Er war, trotz aller Aufsässigkeit, bis zu seinem Tod das lateinische Schoßhündchen des Vatikan geblieben.

Der Franziskanerpater Leonardo Boff, den ebenfalls in den Achtzigerjahren der bayerische Kardinal Ratzinger zum Bußschweigen gebracht hatte, schrieb damals: „Die Position des Papstes im Verhältnis zur Macht der anderen Mitglieder der Hierarchie ähnelt sehr der des Generalsekretärs der Kommunistischen Partei in der Sowjetunion vor der chinesischen Revolution." Oliver dachte: „An dieser Einschätzung hat sich bis heute nichts geändert; aber alle diese diktatorischen Systeme sind inzwischen zerbrochen. Gorbatschows Nachfolger hat in Russland die Demokratie eingeführt mit einem Mehrparteiensystem, in Albaniens Hauptstadt ist ein katholischer Priester zum Bischof geweiht worden, nach der Weihe gab es ein großes Volksfest. Doch die unheilige Diktatur des Vatikan steht noch, aber nicht mehr felsenfest."

Jesus erträumte sich einen freien Menschen. Er wollte eine Religion ohne Angst, Gewalt und Stress. Diesen Traum träumte Oliver weiter. War er am Ende mit seinen Träumen? War er einfach zu weit gegangen wie ein weltvergessener Traumtänzer und dabei abgestürzt, weil er die Stärke des Systems und seine Unerbittlichkeit unterschätzt hatte? Musste er denn wirklich scheitern, bevor er nichts mehr bewirkt hatte, als in den Menschen seiner Diözese ein paar unerfüllbare Hoffnungen zu wecken?

Oliver blieb in seinen schwermütigen Gedanken, und das Schnurren des ICE klang dazu wie ein Abgesang: Wie oft hatte sich die Kirche in ihrer langen Geschichte verrannt und musste unter Blut und Tränen mühsam einen Weg zum Evangelium zurückfinden. Er dachte an die Zeit der Hexenverfolgungen; Päpste und Bischöfe hatten im Namen Gottes erklärt, es gäbe vom Teufel besessene Menschen, die bis aufs Blut zu verfolgen seien. Niemand weiß, wieviele tausend damals dem teuflischen Spuk zum Opfer gefallen sind. Die Kirche hatte aus dem Bad aus Blut und Gewalt nicht viel gelernt; sie hatte nichts aus den Verbrechen der Inquisition gelernt und auch nichts aus den Verirrungen, als sie sich anmaßte, bildliche biblische Aussagen gegen die Erkenntnisse der Naturwissenschaften einzusetzen. Dabei hatte schon Pius XII. gesagt: „Einen zweiten Fall Galilei darf es nicht geben". Und doch gibt es diese Fälle noch, nur heißt Galilei heute: Yves Congar, Teilhard de Chardin, Karl Rahner, Hans Küng, Eugen Drewermann.

Die Scheiterhaufen der Kirche glimmen weiter. Der Hexenwahn hat in der Moderne andere Methoden zur Verfügung: Einschüchterung, Verleumdung, Lehrverbot, Bußschweigen, Existenzvernichtung. Die Kirche braucht sich nicht einmal selber die Hände schmutzig zu machen. Sie hat dazu willige Hilfstruppen; zum Beispiel wird vielerorts gemunkelt, dass das Opus Dei mit seiner gewaltigen wirtschaftlichen Macht dieses böse Geschäft recht eifrig und absolut sicher besorge. Oliver tröstete sich ein wenig damit, dass der große Kardinal Henry Newman, der von der anglikanischen zur katholischen Kirche konvertierte, den vatikanischen Schnüfflern auch nicht entgangen war. So schrieb der Theologe einmal in einer Stunde, in der er so todtraurig war wie jetzt Bischof Oliver: „Als Protestant empfand ich meine Religion als kümmerlich, aber nicht mein Leben, und nun, als Katholik, ist mein Leben kümmerlich, aber nicht meine Religion".

„Acht Jahre plagten ihn die Römer", überlegte Oliver weiter, „schließlich wurde er doch noch Kardinal. Nein, nein, Kardinal wirst du nicht!", sagte Oliver laut zu sich selber. „Du hättest es viel leichter, wenn du Pfarrer in deinen Dörfern geblieben wärst."

Der ICE raste nach seinem einmaligen Halt in Ingolstadt auf der neuen Schnelltrasse durch das mittelfränkische Land und donnerte endlich über die Mainbrücke. Die Festung und das Käppele grüßten. Oliver war wieder in seinem Bistum. Für wie lange noch?

Ralf und einige aus dem KOMM warteten am Bahnhof, um Oliver abzuholen.

„Willkommen zu Hause", sagte Ralf und nahm Oliver die Reisetasche ab; Matthias schnappte sich den Aktenkoffer.

„Das Unangenehme zuerst: Morgen kommt der Nuntius", erklärte Ralf. „Und jetzt die freudige Nachricht: In der Pleich wird gerade ein Nachtgottesdienst mit fast hundert jungen Leuten gefeiert, die sich für die Mitarbeit im KOMM interessieren; lauter hoffnungsvolle, junge Leute, die wissen, was auf sie zukommt. – Wie war's übrigens in Rom?"

Oliver gab keine Antwort.

Ralf schaute seinen Chef von der Seite an und fragte nicht weiter.

Sie erreichten die nur durch Kerzen erhellte Kirche gerade, als ein junger Mann die Schlussmeditation las:

„Freiheit – das heißt ausprobieren:
das Leben, das Leiden, das Sterben.
Wer nicht täglich lebt, wer nicht täglich loslässt,
wer nicht täglich stirbt,
wird nicht frei.

Freiheit – das heißt ausprobieren:
die Freude, die Lust, das Fest.
Wer sich nicht täglich freut, wer nicht täglich feiert,
wer nicht täglich genießt,
wird nicht frei.

Freiheit – das heißt ausprobieren:
die Träume, die Ideen, die Sprache.
Wer nicht täglich träumt,
wer keine Ideen verwirklicht,
wer sich nicht austauscht,
wird nicht frei.

Freiheit – das heißt ausprobieren:
die Sexualität, die Liebe, das Zusammenleben.
Wer nicht Spaß daran hat, Mann oder Frau zu sein,
wer nicht täglich liebt und so miteinander lebt,
wird nicht frei.

Freiheit – das heißt ausprobieren:
Gott, das Evangelium,
seinen Umgang mit den Menschen.
Wer nicht täglich mit Gott zu tun hat,
mit den Menschen und mit seinem Wort,
der ist nicht frei.“

Unter dem Beifall der jungen Menschen aus dem ganzen Bistum – für sie war er ein Hoffnungsträger – kam Bischof Oliver nach der Meditationsstille zum Altar und erteilte ihnen den Segen. Dann ließ er alle noch einmal Platz nehmen und sagte: „Freiheit, das heißt ausprobieren ... Machen wenigstens wir die Probe aufs Exempel. Probieren wir unsere gottgeschenkte Freiheit aus. Jesus erträumte sich den freien Dienst des Menschen als den wahren Gottesdienst an den Brüdern und Schwestern. Von Anfang an haben die christlichen Gemeinden seinen Willen geachtet. So gründeten sie ihr Zusammensein auf sein Evangelium, auf Freiheit und Liebe, auf den großen Respekt vor der Gottebenbildlichkeit des anderen, auf einen alles überwindenden Glauben, der ohne Angst sogar in den Tod gehen konnte. Dieses letzte Blutzeugnis wird von uns im Augenblick nicht abverlangt. Und doch ist damit unser christliches Zeugnis nicht leichter geworden. Wir müssen es in einer Kirche ablegen, die sich und diesem Zeugnis oft selber im Wege steht; wir müssen es in einer Welt ablegen, die uns die Frohe Botschaft oft nicht mehr zutraut und abnimmt, weil wir sie enttäuscht haben. Es kann sein, dass uns dieses Zeugnis in der gegenwärtigen Situation an die Grenzen unserer Leistungsfähigkeit und unseres guten Willens führt; dann wollen wir bitten: Herr, lass uns nicht allein ...“

Bischof Oliver stockte ein wenig, dann fuhr er fort: „Lasst euch nicht beirren in eurer Bereitschaft, für die Menschen einzustehen, die ganz am Rande unserer Gesellschaft, auch am Rande unserer Kirche stehen, auch wenn ihr manches, was jetzt auf unser Bistum zukommen wird, nicht versteht. Es kann sein, dass ihr auch an mir irre werdet. Denkt immer daran: Die Kirche, das ist nicht einer, das sind nicht einige, das sind wir alle. Einzelne können diszipliniert und suspendiert werden. Das Volk Gottes kann nicht suspendiert werden; durch nichts, durch niemanden. Die Zeichen stehen auf Sturm; ich habe sicher noch Gelegenheit, euch zu erklären, warum und wieso. Ich wäre glücklich, wenn ich dann mit eurer Solidarität rechnen könnte. Weniger für mich, als für die Kirche in unserem Land, in unserem Bistum. Gehet nun und bringt Frieden!"

Kräftig kam die Antwort: „Dank sei Gott dem Herrn!"

Dann drängten sich die jungen Leute um den Bischof. Oliver hörte viele hoffnungsvolle Worte, und er war überwältigt von der herzlichen Sympathie, die ihm entgegenschlug.

■

Solidarität
gibt es
in der Kirche
erst dann,
wenn nicht nur
alle mitwirken,
sondern auch
alle mitbestimmen
können ...

DAS ZUSAMMENTREFFEN zwischen dem Nuntius, Erzbischof Casagni aus Berlin, und Bischof Oliver fand im Ordinariat statt. Der Nuntius kam bei dem Gespräch, das unter vier Augen geführt wurde, sofort zur Sache. Er zog ein vorbereitetes Papier aus der Tasche und sagte: „Der Heilige Vater wird zu Weihnachten den Namen Ihres Koadjutors bekannt geben. Es ist der Eichstätter Theologieprofessor Dr. Johannes Erdel. Halten Sie Namen und Datum unbedingt bis dahin geheim. Das ist eine absolute Bedingung!", schärfte Casagni ein.

„Wie mit Mazzoli besprochen, werden Sie dann nach dem Fest Ihren Rücktritt aus gesundheitlichen Gründen einreichen, den der Papst nach gebührender Frist, aber noch im Januar annehmen wird, so dass für die Bischofsweihe Dr. Erdels und die sich anschließende Amtsübernahme genügend Zeit bleibt. Es ist der ausdrückliche Wunsch des Heiligen Vaters und des Kardinalstaatssekretärs, dass jeder Skandal und jedes öffentliche Ärgernis im Zusammenhang mit dem Amtswechsel vermieden wird. Unter dieser Bedingung können wir auch auf eine außerordentliche Visitation, die doch nur unnötiges Aufsehen erregen würde, verzichten. Die Kirche darf unter keinen Umständen Schaden erleiden ..."

„Euer Exzellenz gehen von einer falschen Annahme aus", sagte Bischof Oliver mit großer Festigkeit in der Stimme. „Ich werde nicht zurücktreten. Ein Papst hat einmal gesagt: ‚Besser es gibt einen Skandal, als dass die Wahrheit unterdrückt wird'. Wenn ich zurücktrete, wird die Wahrheit nicht nur unterdrückt, sie wird mit Füßen getreten. Ich müsste tausende belügen, gegen mein Gewissen. Da ist ein Skandal schon ehrlicher. Das Vorgehen des

Kardinalstaatssekretärs ist skandalös ... Mein Gesundheitsattest, das mich als voll tauglich für mein Amt ausweist, können Sie gerne dem Papst übermitteln. Und vielleicht auch noch diesen Satz: Die Zeiten eines kirchlichen Absolutismus neigen sich dem Ende zu; es werden zwar noch Opfer gebracht werden müssen, bis der autoritäre Stil überwunden ist und sich die Kollegialität durchgesetzt hat, und wahrscheinlich werde ich noch ein solches Opfer sein; aber ich werde alles tun, dass die Kirche in meinem Bistum nicht zu einem Museum verkommt, nur weil Rom die Zeichen der Zeit nicht erkannt hat.

Unsere Kirche wird erst dann wieder Anziehungskraft unter den Menschen bekommen, wenn sie das Evangelium vom Haupt bis zum letzten Glied verwirklicht, wenn es nicht nur eine Mitwirkung, sondern auch eine Mitbestimmung aller gibt, die auf den Namen Jesu getauft wurden. – Und jetzt darf ich Sie zu ihrem Wagen begleiten ..."

Bevor Erzbischof Casagni nur ein Wort sagen konnte, war Oliver schon aufgestanden und hatte die Türe weit geöffnet. Er konnte es sich nicht verkneifen, ein wenig den Kardinalstaatssekretär zu imitieren, indem er über die Schulter hinweg sagte: „Für die Entgegennahme irgendwelcher Papiere steht Ihnen mein Sekretariat noch zur Verfügung. Es befindet sich allerdings nicht im Ordinariat, sondern in der Frankfurter Straße. Ihr Fahrer wird Bescheid wissen ..."

„Es ist viel Fernsehpost gekommen", sagte Ralf. „Die positiven Zuschriften überwiegen bei weitem; allerdings gibt es auch ganz bitterböse Briefe. Eine Reihe von diesen negativen Briefen ist gesteuert; sie haben alle den gleichen Text. – Ich habe eine Antwort vorbereitet; vielleicht sehen Sie sich die zuerst an, damit wir anfangen können; ein paar Freunde werden mir beim Adressenschreiben helfen."

STAUBER

Oliver seufzte. Eigentlich hatte er jetzt andere Sorgen, aber Ralf hatte recht. Eine verspätete Antwort ist immer eine schlechte Antwort. Und die Leute, die sich die Mühe gemacht hatten, ihm auf die Fernsehsendung hin ihre Meinung zu schreiben, hatten ein Recht auf ein paar freundschaftliche Zeilen. Selbst jene, die ihn unsachlich oder gar beleidigend angegriffen hatten.

■

Plötzlich
kroch
die Angst
in sein Bett
und umgab ihn
wie ein
Gefängnis ...

SCHLAGARTIG WAR OLIVER WACHGEWORDEN. Wie ein greller Blitz hatte ihn ein Schreck getroffen, der durch seinen ganzen Körper zog. Er saß aufrecht in seinem Bett und lauschte. Es umgab ihn nichts als die Stille. Er lauschte in sich hinein. Sein Puls ging schnell, er spürte ihn am Hals. Sein Atem war flach. Kalter Schweiß trat ihm auf die Stirne. Aus dem Magen stieg wieder jene Übelkeit hoch, die ihn in den letzten Tagen schon ein paarmal überfallen hatte. In seinem Kopf fühlte er eine schwere Benommenheit. Als er aufstehen wollte, drehte sich alles um ihn, so dass er sich schnell wieder aufs Bett setzte. Er sah auf den Wecker. Es war genau halb drei.

Oliver legte sich wieder hin, und plötzlich kroch die Angst in sein Bett wie ein böses Tier; er konnte spüren, wie sie von unten nach oben auf unbegreifliche Weise von ihm Besitz ergriff, Stück für Stück, und wie sie ihn am Ende umgab wie ein undurchdringliches Gitter. Zugleich zog wieder der scharfe Schmerz, den er schon kannte, über den Nacken in den Kopf und spaltete ihn in zwei Hälften. Er hatte das Gefühl, als würden seine Augen aus ihren Höhlen herausgetrieben. Ihn fror, so dass er die Bettdecke über sich zog; doch die Kälte und das Zittern verstärkten sich. Zugleich begannen seine Glieder zu schmerzen. Irgendetwas zog seine Brust zusammen. Dann war ihm, als würde ein Strick unbarmherzig um seine Hüften geschnürt; er atmete noch flacher ...

Oliver hielt es nicht mehr im Bett. Er schaltete die Deckenleuchte ein und schützte die Augen vor dem hellen Licht. In seinem Magen rumorte es; er ging ans Waschbecken und betrachtete sich im Spiegel. Ihm war, als sehe ihn ein völlig Fremder distanziert und gleichgültig an. Oliver drehte den Kaltwasserhahn auf und wusch sich Hände und Gesicht. Er musste sich erbrechen und spürte dadurch ein wenig Erleichterung. Doch auf dem Weg zum Bett zurück begannen seine Knie zu zittern; eine unsagbare Schwäche und Müdigkeit überschwemmten ihn. Zugleich würgte ihn wieder eine unbestimmbare Angst; das Schlucken bereitete ihm große Schwierigkeiten. Sein Mund war trocken und schmeckte nach Sägespänen.

Als er bleischwer aufwachte, die Deckenleuchte brannte noch, wusste Oliver nicht, wie lange er doch noch geschlafen hatte. Bevor er sich darüber klar werden konnte, überkam ihn wieder jene abgrundtiefe Angst. Sie kam jetzt aus seinem Innern, aus seinem Magen, aus seinen Därmen. Sie stieg hoch, konnte aber nicht aus ihm heraus. Die Angst würgte ihn wieder bis zum Erbrechen. In dieser Nacht hatte ihn der schlimmste Feind des Menschen besetzt – fast ohne Vorwarnung besetzt.

Oliver war froh, dass er an diesem Tag Abendmesse hatte. Er machte sich einen Tee zum Frühstück; essen konnte er nichts.

Ralf betrachtete seinen Chef kritisch: „Krank?“, fragte er.

„Ich weiß nicht so recht“, antwortete Oliver und zog sich in sein Arbeitszimmer zurück. Gegen seine Gewohnheit legte er seinen Kopf auf die verschränkten Arme. Der Kopfschmerz hatte nachgelassen, doch ein seltsamer Druck war geblieben. Er massierte die Schädeldecke. Dann griff er nach der Post, die liegen geblieben war. Das Gefühl der Benommenheit wollte nicht weichen. Oliver bat Ralf um eine weitere Tasse Tee. Er las die Post wieder und wieder und konnte kaum registrieren, was er gelesen hatte. Die Buchstaben drehten sich wie seine Gedanken.

Der Bischof fuhr am Abend mit der Straßenbahn zum Studentenwohnheim. Das laute Gespräch der Leute ging ihm heute auf die Nerven, sonst hatte er immer interessiert zugehört, was die Menschen bewegte. Wieder war dieses beklemmende Gefühl da und auch die Sorge, dass ihm die Menschen ringsum seine Angst ansehen könnten. „Wenn nur der Abend schon überstanden wäre!", dachte Oliver.

Die Messe war von der Studentengemeinde vorbereitet worden. Reiner legte dem Bischof in der Sakristei Texte und Lieder vor. Die Buchstaben, Noten und Zahlen tanzten vor seinen Augen; mehrfach fuhr er sich nervös übers Gesicht: „Mein Gott, wenn das nur vorbei wäre." Während des Eingangsliedes setzte sich Oliver und hörte zu, er wollte sich konzentrieren, aber es gelang ihm nicht. In immer neuen Staffeln stiegen Ängste in ihm hoch. Er hörte sich automatisch das Grußwort sagen, das Sündenbekenntnis sprechen, zum Gebet auffordern ... Lesung. Evangelium. Ansprache. „Was sagte er den jungen Leuten eigentlich?" ... Fürbitten ...

Mit zitternden Händen hielt er die große Brothostie hoch. „Sein Leib?", dachte er. „Wenn es wirklich dein Leib ist, Jesus, den ich in den Händen halte, dann hilf mir durch diesen Gottesdienst. Ich werde dich festhalten, bis du mir hilfst!" Dann der Kelch ... „Geheimnis des Glaubens ..."

„Deinen Tod, o Herr, verkünden wir, und deine Auferstehung preisen wir ...", antworteten die Studenten, während dem Bischof vor Anstrengung der Schweiß auf der Stirne stand. Er hatte kaum die Kraft, sich nach der Kniebeuge wieder zu erheben. Beim Vaterunser konnte er die Arme nicht mehr ausbreiten. Er hielt sich an der Altarplatte fest. Oliver fühlte sich weit weg, und doch war ihm die alles niederdrückende Angst ganz nah. Zum Friedensgruß reichte er den Mitfeiernden die Hand und fürchtete, es könne sie jemand festhalten. Kommunion, Schlussgebet, Segen ... „Gehet hin in Frieden!"

Endlich fertig. Noch nie in seinem Leben hatte er das Ende eines Gottesdienstes so herbeigesehnt. Worte zum

Abschied und die Entschuldigung, heute leider nicht länger bleiben zu können. Nur schnell weg. Schnell weg von den Menschen, die ihm Angst machten und seine Angst nur noch vergrößerten. Mit dem Taxi fuhr Oliver nach Hause, er hatte nicht mehr die Kraft und den Mut, die Straßenbahn abzuwarten.

In seinem Zimmer versuchte der Bischof zu beten. Aber er legte das Brevier bald wieder weg. Da ging weder etwas in ihn hinein, noch kam es aus ihm heraus. Seine Brust fühlte sich wie ein Stein an. Erschöpft legte er sich aufs Bett, ohne Ruhe zu finden: War er überarbeitet? Oder überlastet? Oder ganz einfach verbittert und enttäuscht? War er am Ende seiner Kraft? Sollte er nicht doch aufgeben?"

„Rücktritt aus gesundheitlichen Gründen!" Das ist es. Oliver wurde bei diesem Gedanken ein wenig ruhiger. „Aufhören, ganz einfach aufhören", sagte er laut zu sich selber: „Ich werde aufhören, wie der Papst es will, und alles wird wieder gut!"

Er erinnerte sich an das Wort des Bischofs von Évreux. Jacques Gaillot schrieb einmal: „In manchen Situationen unseres Lebens spüren wir deutlich, dass der weitere Weg von unserer persönlichen Entscheidung abhängt, die uns niemand abnehmen kann." Und er fügte aus seiner persönlichen Erfahrung hinzu: „Als ich in der Kathedrale von Évreux zum Bischof geweiht wurde, hat mich bei der Feier etwas sehr beeindruckt: die Last des Evangeliums. Von einer benachbarten Abtei hatte man ein Evangeliar mit schweren, silbernen Beschlägen ausgeliehen, das mir, während ich kniete, mit seinem gesamten Gewicht auf den Nacken gelegt wurde. Während die Gemeinde sang, wartete ich etwas ungeduldig auf das Ende dieses Ritus und dachte an die Zukunft: An die Last des Evangeliums. Ein Bischof ist für alles, was er tut und was er sagt, allein verantwortlich. Diese Freiheit eines Bischofs vor Gott ist großartig und beängstigend zugleich."

Oliver spürte nichts von dieser Großartigkeit, im Augenblick trug er nur die Last und die Angst seines Amtes.

Dennoch fühlte er sich am nächsten Morgen ein wenig besser; der Druck durch die Unsicherheit war gewichen. „Ich werde also zurücktreten!", sagte er beim Rasieren laut zu sich selber. Seine Schritte waren zwar noch unsicher, aber er schob das auf seinen niederen Blutdruck, der ihm schon seit seinen jungen Jahren Schwierigkeiten machte. Eine Wechseldusche brachte etwas Erleichterung. Zusammen mit Ralf fuhr er ins Ordinariat. Der Weg schien ihm endlos weit bis in die Innenstadt. Grün – gelb – rot. Stop and go. Was ihm sonst nur ein Lächeln abgenötigt hatte, zerrte heute an seinen Nerven.

„Nächstens fahren wir wieder eine halbe Stunde früher", sagte Ralf. Für Oliver klang es wie ein persönlich gemeinter Vorwurf. Aber er schwieg.

Der Hausmeister öffnete die Wagentüre: „Geht es gut?", fragte er leichthin; Oliver störte sich schon an der Frage. Er gab keine Antwort. Ihn störte erst recht, als ihm eine Buchhalterin das Portal aufhielt und ihm fröhlich einen guten Morgen wünschte. Er atmete erst wieder auf, als er in seinem Arbeitszimmer Platz genommen hatte. Doch schon das Klingeln des Telefons bereitete ihm körperliche Schmerzen. Der Schmerz im Nacken begann sich wieder auszubreiten und erfasste seinen Kopf über die Stirne bis in die Augenhöhlen. Er saß mit verschränkten Armen vor dem Aktenberg, der ihm riesenhaft erschien. Er rührte das Papier nicht an.

Oliver machte sich Vorwürfe: „Ausgerechnet jetzt, da es auf wichtige Entscheidungen ankommt, machst du schlapp. Reiß dich zusammen. Übermorgen ist der erste Advent. Du kannst jetzt nicht krankmachen."

Oliver fuhr sich über die Augen, als müsse er einen Schleier und damit seine Sorgen wegwischen: „Du darfst dir nichts anmerken lassen. Bis nach Weihnachten nicht. Dann gibt es ein paar Tage zum Abschalten."

Abschalten oder aufhören?

■

„Ich kann dich beruhigen. Organisch ist nichts festzustellen. Du bist körperlich kerngesund." Dr. Marco Schneider, Oberarzt der Inneren Abteilung des Juliusspitals, auch ein Studienfreund des Bischofs, diagnostizierte sachlich und ruhig. – „Aber ..."

„Aber?", fragte Oliver zurück, schließlich hatte er erst vor wenigen Tagen in München die gleichen beruhigenden Sätze gehört.

„Marco, sei bitte offen und ehrlich. Oder wollt ihr mich alle schonen? Ist es das Herz? Sind es die Nerven? Oder was sonst? Ich fühle mich kaputt und zerschlagen. Ich stecke voller Angst, wie ich dir gesagt habe. Ich erkenne mich einfach nicht wieder. Und das von einem Tag auf den anderen! Was sage ich? Von einer Stunde zur anderen!"

„... auch deine Ängste sind normal. Ich weiß nicht so recht, ob das vegetative Störungen sind auf Grund von Dauerstress, ob dein Körper also protestiert gegen die andauernde Überlastung, oder ... Weißt du, Angst, das kann auch ein ganz wichtiges Signal der Seele sein für Proteste anderer Art. Ich möchte deswegen nicht gleich mit Kanonen schießen. Vielleicht kommst du mit Baldrian und Hopfen schon weiter. Du hast doch bestimmt Freunde, mit denen du einmal ganz offen über deine Sorgen und Probleme reden kannst!"

Ganz unvermittelt fragte Dr. Schneider noch: „Gibt es in eurer Familie eine Neigung zu Depressionen?"

STAUBER

Depression? Oliver konnte sich nicht erinnern, dass in seiner Familie jemand unter dieser Krankheit gelitten hatte. Seine beiden Brüder lebten in normalen Familien und hatten ganz gewöhnliche Kinder; er war immerhin sechsfacher Onkel. Die Schwester war als Ärztin in Tansania tätig und hatte in ihren Briefen noch nie eine Andeutung von Niedergeschlagenheit gemacht. Eher war das Gegenteil der Fall; Carla sprühte vor Einfällen, vor allem, wenn es ums Geld ging, das sie ständig für ihr kleines Hospital brauchte. Oliver musste bei diesem Gedanken ein wenig lächeln. Seine Eltern waren zwar beide frühzeitig, aber an ganz üblichen Krankheiten gestorben; der Vater nach einem Herzinfarkt, die Mutter hatte die letzten Jahre unter Asthma gelitten.

Depression. Dieses Wort ließ Bischof Oliver nicht mehr los. Er las nach, was er in seiner kleinen Bücherei dazu finden konnte: „Unter Depression versteht man einen Krankheitszustand, in dem gleichzeitig oder abwechselnd eine Fülle von negativen Erscheinungen auf den Menschen einwirken: Ängste oder Schuldgefühle, bleierne Müdigkeit und Antriebsschwäche, Verlust der Lebensfreude und Selbstvorwürfe, körperliche Beschwerden verschiedenster Art, Schweißausbrüche, Zittern, Beklemmungen, Schluckbeschwerden, bis hin zur Vortäuschung schlimmer organischer Erkrankungen ..."

„Die Ursachen der Depression sind noch weitgehend unbekannt. Zwar ist erforscht, dass eine Reihe von Krankheiten und Medikamenten Depressionen auslösen können, aber im wesentlichen werden Depressionen dann auftreten, wenn ungünstige Lebensumstände zusammenkommen. Vor allem nicht bewältigte Konflikte können eine Depression spontan auftreten lassen ..."

„Die Behandlung der Depression ist nicht leicht; Gespräche, radikale Änderung der Lebensumstände, psychosoziale Betreuung können hilfreich sein. Gelegentlich gehen Depressionen spontan, wie von selbst vorüber, so wie sie gekommen sind. Depressionen treten bei Frauen fast dreimal häufiger auf als bei Männern, in niederen Bevölkerungsschichten doppelt so oft wie in gehobenen. Medikamente sind nur bei schweren Depressionen sinnvoll, sie können in der Regel aber den Leidensdruck vermindern. Die meisten Antidepressiva können starke Nebenwirkungen auf das gesamte Nervensystem haben. Im Gegensatz zu Beruhigungsmitteln, die auch oft bei Depressionen eingesetzt werden, machen sie allerdings nicht süchtig ..."

„Für Depressive besteht das Problem, den richtigen Helfer zu finden. Noch immer tun sich Ärzte schwer, eine Depression rechtzeitig zu erkennen und dann auch richtig zu behandeln. Die Kranken wechseln dann, von ihren Ängsten getrieben, sehr oft den Arzt. Dadurch wird eine gezielte, erfolgreiche Behandlung zusätzlich erschwert oder verzögert. Das Vertrauen in den Therapeuten ist sehr wichtig. Es gibt allerdings auch depressive Zustände, die sich jeder Therapie entziehen und einen Daueraufenthalt in einer psychiatrischen Klinik oder einer betreuten Wohngemeinschaft erforderlich machen."

Oliver starrte auf seinen Schreibtisch. Seit Tagen türmte sich dort die nicht mehr aufgearbeitete Post. Das bereitete ihm neue Ängste. Er machte sich Vorwürfe, ein Versager zu sein ...

Auf der Suche nach einem Trost fand er ein Gedicht von Dom Helder Camara:

„Lass deine Sorgen
an der Schwelle des Schlafes zurück;
lass alle Bedenken zurück,
alle Bitterkeit,

allen Kummer,
damit du dich beim Aufwachen
nicht so müde wiederfindest,
als hättest du in den Kleidern geschlafen,
die Schuhe an den Füßen,
den Hut auf dem Kopf.“

Als er am nächsten Morgen aufstand, fühlte Oliver sich so, als hätte er tatsächlich in seinen Kleidern und in schweren Stiefeln geschlafen.

Zum Frühstück sprang ihm aus der Tageszeitung die Schlagzeile ins Gesicht: „Hunderttausende psychisch krank“. Oliver musste sich zum Lesen zwingen: „Wie eine Studie des Bundesgesundheitsministeriums feststellt, waren im Jahr 2000 über 22 Millionen Bürger bereits einmal psychisch krank. Aufgelistet wurden alle Fälle, die in fachärztlichen Praxen oder in psychiatrischen Anstalten behandelt wurden. Jährlich kommen weitere 250 000 Neuerkrankungen hinzu. In den deutschen Apotheken wurden im Berichtszeitraum knapp 70 Millionen Packungen mit Psychopharmaka, angefangen von Beruhigungsmitteln (Tranquilizer) bis zu Präparaten für die Behandlung von Depressionen (Antidepressiva) verkauft. In Deutschland werden jeden Tag durchschnittlich dreieinhalb Millionen Menschen mit verschreibungspflichtigen Beruhigungsmitteln behandelt. Das Problem der Abhängigkeit von Tranquilizern ist mittlerweile in der deutschen Bevölkerung zwischen Rhein und Oder ebenso groß wie die Alkoholsucht.“

Für Bischof Oliver begann ein bitterer Advent. Hin- und hergerissen von Angst, Schmerzen, Selbstzweifeln, Beklemmungen und Kreislaufstörungen und dem krampfhaften Versuch, seine Umgebung nichts von seiner Erkrankung merken zu lassen, wurde jeder neue Tag zur Qual. Er zog sich mehr und mehr zurück. Bei jeder Begegnung mit Menschen, die ihn näher kannten, war er auf der Lauer, welche Bemerkungen sie über seinen Gesundheitszustand machen würden. Schon kleine Hinweise wie „Sie sehen aber heute abgespannt aus!" oder „Geht es dir nicht gut?" trafen ihn wie Keulenschläge und verursachten Übelkeit und Kreislaufstörungen.

Als bei der ersten adventlichen Feier in einem Altersheim – Ralf hatte ihn nur mühsam zur Teilnahme bewegen können, „aber jedes Jahr geht der Bischof zum Beginn des Advent in ein Altersheim" – das Lied angestimmt wurde „Aus hartem Weh die Menschheit klagt ...", musste er den Saal verlassen. Er hatte das Gefühl, dass ihm wie im Würgegriff die Luft abgeschnürt wurde. Erst nach einem langen Spaziergang im Nieselregen am Main entlang ging es ihm wieder ein wenig besser.

■

Das letzte Weihnachtsfest war gekommen!? Am 1. Feiertag sollte die Ernennung Dr. Johannes Erdels zum Weihbischof von Würzburg mit dem Recht der Nachfolge bekanntgegeben werden. Auf ausdrücklichen Wunsch des Nuntius zählte Oliver nicht zu den Konsekratoren. Offiziell wurde verlautbart, dass Bischof Maß seinen schon lange geplanten und dringend erforderlichen Erholungsurlaub sofort nach dem Fest antreten müsse. Die geplante Lüge stimmte jetzt sogar.

Neben dem Nuntius würden die Bischöfe von Eichstätt und Regensburg sowie die Weihbischöfe von Bamberg und Speyer die Weihe vornehmen. Oliver empfand weder Trauer noch Wut, als er selbst die Einladungen für die Weihe am 2. Februar unterzeichnete. Er konnte sich nicht einmal darüber freuen, dass damit bald alles vorbei sein werde. Nur eine gewisse Erleichterung empfand er: Jetzt würde alles, ohne jeden Widerstand, seinen geplanten Weg gehen. Er würde den Erholungsurlaub verlängern und in dieser Zeit sein Rücktrittsgesuch einreichen.

So hatte ihn jetzt auch noch die Einsamkeit eingeholt. Angst und Einsamkeit, die bösen Schwestern, saßen ständig an seinem Tisch, sie flogen durchs Zimmer, und, was das Schlimmste war, sie krochen zu ihm ins Bett wie böse Tiere. Sie starrten ihn aus dem Spiegel an, wenn er sich rasierte. Sie lauerten an der Wohnungstüre, um ihn zu begleiten. Sie sahen mit ihm zum Fenster hinaus und ließen ihn nur wie unter einem Schleier sehen, was draußen vorging. Sie besetzten sein Denken und sein Handeln. Sie ließen sich nicht abschütteln. Sie waren ganz einfach da. Und mit jedem Tag breiteten sie sich mehr aus. Die Last wurde immer größer. Oliver hätte sich am liebsten in einen Winkel verkrochen. „Mit dem Auto an einen Brückenpfeiler fahren, damit es nach Verkehrsunfall aussieht?!"

Der Bischof kam mit seiner Weihnachtsansprache, der letzten Predigt, nicht voran. Alle Ansätze hatte er bisher verworfen. Seine letzte Ansprache sollte eine Art stiller Abschied werden. Oder eine Rechtfertigung? Oder eine Abrechnung mit seinen Gegnern? Der Bischof las zum wiederholten Male im Weihnachtsevangelium: „Der Engel aber sprach: Fürchtet euch nicht, denn ich verkündige euch große Freude, die dem ganzen Volk zuteil werden soll. Heute ist euch in der Stadt Davids der Retter geboren, der Heiland der Welt."

Überall,
wo der Mensch
Gott
aus dem Auge
verliert,
entsteht Angst …

NACH STUNDEN MÜHSAMEN NACHDENKENS fand Oliver auf den Blättern, die den Schreibtisch übersäten, diese Sätze, die er mit einer seltsamen, ihm fast fremden Schrift geschrieben hatte:

„Der Engel sagt uns heute: Fürchtet euch nicht. Ich verkündige euch große Freude. – Sieht unsere Wirklichkeit nicht anders aus? Sind wir nicht eher von Ängsten geplagt, als von der Freude ergriffen? Ängste vor der Gegenwart, Ängste vor der Zukunft. Ist es nicht unsere Angst vor dem Leben, die Angst vor dem Tod, die uns hineintreibt in das, was wir Sünde nennen: nämlich Habenwollen, Genießenwollen, Festhaltenwollen, Besitzenwollen, Herrschenwollen? ..."

„... Machen wir einander nicht selbst Angst? Durch Drohungen? Durch Gewalt? Durch Überforderung? Durch Misstrauen und Treuebruch? ... Eine Angst, die uns die Frohe Botschaft überhören lässt?"

„... Wer von Erlösung spricht, wer die Frohe Botschaft verkündet, muss aufhören, den Menschen in die Enge zu treiben und zu verurteilen. Denn Enge ist Angst. Treibt nicht auch die Kirche Menschen in die Enge, so dass sie keinen Ausweg mehr wissen? Wer an die Menschwerdung Gottes glaubt, muss es machen wie Gott, der auf uns zugegangen ist. Er muss es machen wie dieser Jesus, der auf die Menschen, auch auf den letzten Menschen zugegangen ist. Mit offenen Händen. Mit barmherzigem Herzen ..."

„... Überall dort, wo der Mensch Gott, den Menschgewordenen, aus dem Auge verliert, wo er etwa sich selbst oder einen anderen Menschen an die Stelle Gottes setzt, entsteht Angst: Weil wir Gott vor lauter Unmenschlichkeiten nicht mehr sehen können, sitzen wir in unserer heillosen Enge fest. Die Angst macht uns nicht nur unsicher. Sie macht uns auch ungerecht. Sie kann uns böse, grausam, unmenschlich machen, wenn wir unsere Angst verstecken wollen, wenn wir uns verschließen und die anderen im Unsichern lassen. Es entsteht eine heillose Welt um uns herum ..."

„... Diese Heillosigkeit will Jesus überwinden. In seiner Geburt rückt er Gott, seinen Vater, endlich wieder in unsere Mitte. Und deswegen wird Jesus all die selig preisen, die Gott in die Mitte ihres Lebens nehmen, ihn Mittelpunkt sein lassen. Das ist die Frohe Botschaft gegen die Angst. Seit Weihnachten ist Gott in unserer Mitte. Und aus dieser Mitte können wir uns den Menschen zuwenden, ohne uns zu verlieren, ohne etwas von ihnen befürchten zu müssen. Wir können endlich anfangen, die Angst zu überwinden ..."

„Anfangen, die Angst zu überwinden." Doch die Angst, die Oliver mit dem Kind von Bethlehem zu beschwören und zu vertreiben suchte, blieb bei ihm wie ein böses Tier. Es hielt ihn gefangen, als hätte es seinen Auftrag und seine Macht von einer dunklen Kraft, von einem Dämon, der es auf die Vernichtung des Bischofs abgesehen hatte.

■

„Ich habe mit Oberarzt Schneider telefoniert", sagte Dr. von Bredow nach einer gründlichen Untersuchung zu Oliver Maß. „Er ist der gleichen Meinung wie ich. Sie haben eine ‚larvierte Depression', wie wir Fachleute sagen. Wir sollten sofort mit der Behandlung anfangen und sie kombinieren. Ich stehe, wie Pfarrer Kneipp, auf einer wohldosierten Wassertherapie, verbunden mit Gesprächen und dem gezielten, aber vorsichtigen Einsatz eines Antidepressivums. Ich schlage ‚Tofranil' vor."

„Medikamente?“ Oliver war erschrocken und voller Abwehr. Er fühlte sich irgendwie schuldig, dass versucht werden sollte, mit Hilfe der Chemie seine seelischen Probleme zu bewältigen. Er hatte immer noch gehofft, der dritte Arzt könne eine organische Ursache für seine Erkrankung finden.

„Keine Angst vor Tabletten“, sagte von Bredow fast ein wenig väterlich. „Wir werden nicht mit schwerem Geschütz auffahren. Deswegen dauert es auch zwei bis drei Wochen, bis Sie eine positive Wirkung verspüren. So lange müssen Sie viel Geduld aufbringen. Dann geht es mit Ihnen aufwärts. Ich verspreche es Ihnen ... Über die Nebenwirkungen von Tofranil müssen wir noch reden. Bitte beobachten Sie sich ganz genau. Vor allem werden Sie viel trinken müssen, denn Tofranil hat als auffälligste Nebenwirkung eine starke Mundtrockenheit zur Folge. Dazu können Sehstörungen kommen und Herzklopfen. Aber keine Sorge, das kriegen wir alles in Griff. Das alles sind vorübergehende Nebenwirkungen.“

„Und wie lässt sich die zu erwartende Wirkung dieses Medikaments erklären?“ Oliver staunte über sich, dass er in seiner Situation überhaupt eine solche Frage stellen konnte.

„Ein Schweizer Psychiater namens Kuhn gilt als Entdecker der Antidepressiva. Es war mehr ein Zufall, als er, ich glaube, es war in den Fünfzigerjahren, herausfand, dass bestimmte chemische Verbindungen Depressionen günstig beeinflussen können. Sie regen körpereigene Stoffe im Hirnstamm wieder zur Produktion an. Die Methoden Kuhns wurden vor allem durch den Züricher Forscher Jules Angst ständig verbessert, so dass uns heute recht brauchbare Mittel zur Verfügung stehen; zum Beispiel auch Levothym, das wir im Verlauf der Behandlung unter Umständen einsetzen werden, je nachdem wie sich Ihre Krankheit entwickelt. Ich bin sicher, wir kommen weiter. Also noch einmal: Keine Sorge. Und sprechen Sie bitte mit mir über alles, was Sie an sich beobachten, was Sie bewegt, was Ihnen Angst und Sorgen macht. Und noch eines: Bei allem, was Ihnen widerfährt, sollten Sie bedenken, dass Sie organisch völlig gesund sind, auch wenn Sie sich ganz anders fühlen. Aber auch eine psychische Erkrankung ist eine echte Krankheit ..."

■

Oliver war schon fast drei Wochen in dem kleinen oberbayerischen Ort. Die ersten Tage hatte er sich wie zerbrechlich gefühlt; er hatte viel geschlafen, dann aber zunehmend kleine Ausflüge unternommen, obwohl er in den Beinen ein dauerndes Zittern und im ganzen Körper eine merkwürdige Unruhe spürte. Vor Menschen, vor allem vor fremden, hatte er noch immer eine fast panische Angst. Aber mehr und mehr fand er seine Ruhe zurück. Mit jedem Gespräch, das er mit Dr. von Bredow führte, fühlte er sich freier. Die kneippschen Anwendungen machten ihm Spaß. Das Essen schmeckte ihm wieder.

Die drei Schwestern, es waren Benediktinerinnen, die das kleine Sanatorium führten – in dieser ungünstigen Jahreszeit war er der einzige Gast – hielten viel von vegetarischer Küche. Nur sonntags gab es Fleisch. Obst, Gemüse, Salate, Körner und Milchprodukte in großer Auswahl standen ansonsten auf dem Speiseplan. Oliver freute sich auf jede Mahlzeit; ein Gefühl, das noch vor Tagen wie abgestorben war. Er fing langsam an, wieder zu genießen, nicht nur das Essen, auch die Landschaft, das Wetter, die Zeit und schließlich, ganz zuletzt, auch die Menschen.

Nur manchmal, wenn er vor dem kleinen Schreibtisch saß, kroch die Angst wieder den Rücken hoch, ganz langsam; aber er hatte das sichere Gefühl, die Angst hatte nicht mehr die Kraft, ihn zu überwinden und ihn wieder ganz gefangen zu nehmen. Die Angst probte eher den Rückzug. Manchmal überfiel ihn wie aus heiterem Himmel eine bleierne Müdigkeit, die er nur mühsam überwinden konnte. Aber auch diese Erscheinung wurde immer seltener; Pfarrer Kneipp zeigte seine Wirkung. Schließlich konnte er auch wieder sein Brevier beten. Die Psalmen schenkten ihm neue Kraft. Er entdeckte Worte, die einer mit den gleichen Erfahrungen niedergeschrieben haben musste, die er selber gemacht hatte.

Das einzige, was Bischof Oliver noch nicht schaffte, war die Feier der Messe. Wenn in ihm auch nur der Wunsch auftauchte, wieder einmal zu zelebrieren, bekam er sofort Kreislaufstörungen und wurde von schlimmen Kopfschmerzen überfallen, die vom Nacken bis in die Stirne reichten und Übelkeit auslösten. Oliver erinnerte sich an einen Mitbruder, der allein deswegen sein Amt aufgegeben hatte, weil er nicht mehr zelebrieren konnte. Die Angst, die Messe nicht richtig feiern zu können, war bei ihm immer größer geworden. Schließlich konnte er nicht mehr an den Altar treten; an der Sakristeitüre verließen ihn alle Kräfte.

Niemand, so hatte er oft geklagt, habe ihn und seine neurotischen Schwierigkeiten wirklich verstanden. Der einzige Rat, der ihm immer wieder erteilt worden war, hieß: „Sie müssen sich ganz einfach zusammenreißen. Bei gutem Willen geht das schon.“ Doch die Neurose war am Schluss so quälend geworden, dass er zunächst in den einstweiligen Ruhestand ging und schließlich ganz aufhörte. Oliver trieb es die Schamröte ins Gesicht, wenn er daran dachte, wie dieser Mitbruder behandelt worden war und wie er selbst, als Nachbarpfarrer, ganz einfach dadurch versagt hatte, dass er sich des gequälten Kollegen zu wenig angenommen hatte. Er wusste nicht einmal, wo er heute lebte. Er wollte sich nach ihm erkundigen.

Beim Chorgebet des kleinen Konvents fühlte sich Oliver ausgeprochen wohl. Gelegentlich kam auch Dr. von Bredow aus seiner Praxis zur Vesper und sang mit seiner tiefen Stimme, die viel Zuversicht ausstrahlte, die Psalmen mit: „O Gott, komm mir zu Hilfe. Herr, eile mir zu helfen ...“

Ralf staunte. Oliver hatte auf seine telefonische Anfrage, ob er ihn besuchen dürfe, geantwortet: „Ich freue mich. Bring jemanden vom KOMM mit. – Ich möchte mit euch zusammen Eucharistie feiern. Vielleicht schaff' ich es mit eurer Hilfe.“

Noch einmal kroch die Angst in Bischof Oliver ganz massiv bis zum Hals, als Schwester Klara ihm eines Tages einen unerwarteten Besucher anmeldete.

„Der Herr Weihbischof ist gekommen“, sagte sie. „Dr. Erdel wartet unten in der Diele.“

„Bitte, führen Sie ihn herauf“, bat Oliver. Er hatte Angst, die Beine könnten ihren Dienst auf der Treppe versagen, wenn er ihm entgegenginge. Er brauchte diese wenigen Sekunden, um sich auf den unangemeldeten Besucher einzustellen. „Jetzt kommt die Entscheidung!“, dachte er. Er horchte in sich hinein, aber es blieb erstaunlicherweise ruhig in ihm. So ging er seinem unerwarteten Besucher dann doch noch einige Schritte auf dem Gang entgegen.

„Wann kommen Sie endlich wieder heim?“, fragte Weihbischof Erdel zur Begrüßung. „Wir brauchen Sie alle. – Und ich brauche Sie“, fügte er hinzu.

Oliver schaute seinem Gegenüber ins Gesicht und konnte nicht die geringste Spur falscher Höflichkeit entdecken.

Offene, ein wenig traurige dunkelbraune Augen schauten ihn an: „Wir brauchen Sie, Bischof Oliver. Und ich brauche Sie auch“, wiederholte Johannes Erdel eindringlich.

Die beiden ungleichen Männer führten ein langes, intensives, zum Schluss sogar freundschaftliches Gespräch. Oberin Immaculata musste schon mehrmals klopfen, um die Bischöfe zum Imbiss zu bitten, so vertieft waren sie in den Austausch, der über die Zukunft der beiden und der Diözese Würzburg entschied.

„Es hat mir sehr leid getan, dass Ihre schwere Erkrankung dieses Gespräch schon vor meiner Weihe unmöglich machte. Von den Hintergründen, die den Vatikan bewogen haben, mich zum Weihbischof von Würzburg zu machen, habe ich erst hinterher erfahren. Sie sollen wissen, da mache ich nicht mit. Ich möchte Ihnen eine gute Hilfe in der Seelsorge von Würzburg sein. Und schon deswegen freue ich mich, wenn Sie möglichst bald wiederkommen."

Leben
erbat er von dir
und du
gabst es ihm ...

Der Bischof und sein Weihbischof nahmen die Bauernbrotzeit im kleinen Refektorium der Gemeinschaft ein, und Schwester Klara registrierte mit innerer Genugtuung, dass Bischof Oliver zu seinem Gegenüber Johannes sagte und der umgekehrt Oliver.

Der Besuch endete mit dem abendlichen Stundengebet in der Hauskapelle. Kraftvoll sangen Oliver und Johannes mit den Schwestern und Dr. von Bredow, der wie zufällig gekommen war, den Psalm 21:

„Du kamst ihm entgegen mit Segen und Glück,
du kröntest ihn mit einer goldenen Krone.
Leben erbat er von dir, du gabst es ihm,
viele Tage für immer und ewig.
Du machst ihn zum Segen für immer;
wenn du ihn anblickst,
schenkst du ihm große Freude ...“

Am nächsten Morgen feierte Bischof Oliver zum ersten Male wieder die Messe. Er wartete nicht, bis Ralf kam. Bei der Oration breitete er weit seine Arme aus, als wolle er alle Kraft einsammeln, die ihn in der kleinen Kapelle umgab. Jetzt endlich spürte er etwas von den vielen Gebeten, die seinetwegen zum Himmel gerichtet waren und die auf ihn in dieser befreienden Stunde zurückkamen.

„Liebe Schwestern. Ich habe gelernt, ich habe lernen müssen, dass das Evangelium eine einzige Botschaft des Loslassens ist“, begann er seine spontane Ansprache; Oliver staunte über seine neugewonnene Kraft. „Erst wenn wir wirklich loslassen, uns selber loslassen, wie es Jesus uns vorgelebt hat, werden wir wirklich frei. Er hat sein Leben nicht festgehalten. Er hat den Tod nicht festgehalten. Deswegen konnte er auferstehen zu neuem Leben. Vieles halten wir dagegen immer noch fest! Unseren Willen, unsere Wünsche. Sogar unsere Angst halten wir fest ..."

Nach einem weiteren Monat konnte Oliver die klösterliche Klinik verlassen. Er fühlte sich wie von einem schweren Traum befreit. In der kleinen, gepflegten Anlage, die Anemonen und Schlüsselblumen blühten bereits auf der Sonnenseite, wartete er auf den Wagen seines Arztes, der ihn nach München bringen sollte. Bischof Oliver hatte beschlossen, und Dr. von Bredow hatte dem nach einigem Zögern zugestimmt, eine Wallfahrt ins Heilige Land zu machen, bevor er seine Amtsgeschäfte am Palmsonntag wieder aufnehmen wollte. Oliver freute sich auf die zwei Wochen, die vor ihm lagen, und er freute sich auf den Neubeginn in Würzburg. Er konnte sich tatsächlich wieder freuen.

„Das wird ein wirklicher Einzug in Jerusalem", hatte Ralf ihm geschrieben, als er die frohe Nachricht erhielt: „Wir alle üben schon das große Halleluja. Hochgelobt sei der da kommt im Namen des Herrn ..."

■

Die Stewardessen servierten gerade den Kaffee, als die Lufthansamaschine Santorin überflog. Oliver saß am Fenster und sah aus knapp 11 000 Meter Höhe auf die sonnenüberstrahlten Inseln der Dodekanes. Die Schiffe zwischen den Inseln waren aus dieser Höhe nur noch an der weißen Spur zu erkennen, die sie hinter sich herzogen. „Wir alle hinterlassen Spuren unseres Lebens", dachte Oliver, „hoffentlich vergehen sie nicht so schnell wie die im Meer!"

STAUBER

Oliver fühlte sich frei wie selten in seinem Leben. ¡Da hattest du dich in eine ganz massive Depression geflüchtet.“ Oliver zog das Resümee der vergangenen Monate: „Nur, weil es nicht so lief, wie du es dir gedacht hast. Die Kirche besteht nicht nur aus einem Bischof namens Oliver. Und, du hast Angst gehabt, mit deinem ‚Nachfolger‘ zu sprechen. Du warst zu feige, den Tatsachen, die voraussehbar waren, ins Auge zu sehen. Die bitteren Erfahrungen der Krankheit schienen dir irgendwie bequemer als die offene Aussprache von Mann zu Mann. Jetzt zeigt es sich“, Oliver lächelte über sich, „dass Johannes Erdel viel loyaler ist, als du ihm zugetraut hättest. Es wird weitergehen, in Würzburg, es wird nicht gerade leicht werden, aber es wird weitergehen mit dem neuen Mann an deiner Seite ...“

„Möchten Sie noch etwas trinken?“, fragte die Stewardess, als sie das Kaffeegeschirr wegräumte.

„Ja, bitte einen Cognac.“ Seit Monaten hatte Oliver keinen Alkohol mehr getrunken.

Bei den Benediktinern in Tabgha hatte Oliver ein bescheidenes Zimmer mit Blick auf den See Genesaret bekommen. Es war bereits Frühling in Israel. Die Natur explodierte geradezu mit ihren Blüten. Am Morgen lag ein erfrischender, am Abend ein betäubender Duft über der Landschaft. Von Tabgha aus, hierher verlegt die Tradition die Stelle der Brotvermehrung, wollte Oliver zu Fuß die wichtigsten Orte des Neuen Testamentes besuchen. Wenn er über den See blickte, tat sich sein vorher so eng gewordenes Herz weit auf. Er konnte wieder ganz tief atmen, und es war ihm, als könne er mit jedem Atemzug die Energie und das Glück früherer Zeiten zurückgewinnen.

In Tabgha wiederholte sich das Brotteilen Jesu auf sehr einprägsame Weise. Die deutschen Benediktiner unterhielten in Zelten ein Camp für behinderte Jugendliche aus dem ganzen Land. Der blutige Bürgerkrieg, der 1997 zwischen Israelis und Palästinensern nach vielen Terroranschlägen offen ausgebrochen war, war erst vor wenigen Monaten zu Ende gegangen. Er hatte seine bitteren Spuren vor allem in den verwundeten Menschen hinterlassen; auf beiden Seiten. Aber jetzt lebten hier in der friedvollen Atmosphäre am See fast hundert junge Israelis und Araber miteinander. Amputierte, Schädel- und Wirbelsäulenverletzte. Die weniger Behinderten halfen denen, die an den Rollstuhl gebunden waren; Ärzte, Schwestern und Betreuer kamen nicht nur aus Deutschland, auch die über so viele Jahrzehnte verfeindeten Gruppen im Heiligen Land selbst stellten Hilfs- und Fachpersonal für das Unternehmen Tabgha.

Pater Anselm hatte Oliver seine israelische Militärkarte geliehen. „Da ist jeder Hügel und jede Hütte eingetragen", sagte er. „Trotzdem, nehmen Sie Wasser mit, das ist hier wichtig. Sie können uns aus den Ortschaften ringsum anrufen, das Telefon funktioniert seit einigen Wochen wieder; wir holen Sie dann ab, falls Sie es zu Fuß nicht schaffen. Bedenken Sie, dass die Nacht hier sehr schnell hereinbricht. Ich hätte Sie am Abend gerne wieder hier. Ganz so ruhig, wie es aussieht, ist es hier leider noch nicht. Von Syrien her haben wir immer noch Probleme, vor allem seit sich die Großmächte über das Schicksal ganz Palästinas einig geworden sind. Und denken Sie an die Minen im Gelände. Bleiben Sie auf den Spuren, die die Beduinen gezogen haben."

Nach dem Konventamt der Mönche in der Brotvermehrungskirche nahm Oliver seinen Rucksack auf. Er enthielt nichts als die Bibel, ein halbes Mischbrot, ein paar Orangen, eine Plastikflasche voll Wasser und einen Wetterschutz. Seit kurzem waren die jahrzehntelangen Streitigkeiten der Anlieger am See, Benediktiner, Franziskaner und Orthodoxe, bereinigt, und so konnte er die vier Kilometer nach Kafarnaum am Ufer entlanggehen. Früher hatte jede der Gruppen ihren Anteil an Land und See mit Mauern und Stacheldraht abgesichert. Von der Höhe grüßte die Kirche der Seligpreisungen in den klaren Himmel. Er versprach dem Land einen schönen Tag.

Noch war Oliver in Kafarnaum, der Stadt Jesu, allein. Doch auf dem See tuckerten schon die ersten Boote von Tiberias aus heran, und die Busse mit Unmengen von Pilgern und Touristen waren bereits unterwegs. An den Säulen der Synagoge – hier hatte Jesus seine berühmte Brotrede gehalten – suchten Geckos nach der ersten Sonnenwärme. Oliver hatte bald Mühe, die zahlreichen Schriftstellen, die sich auf diese Stadt am Nordwestufer des Sees beziehen, in Ruhe zu lesen. Schnell war er von einer quirligen Menge umgeben, die in allen Sprachen, vor allem in Englisch und Deutsch, über die Ruinenstadt mit der schiffartigen Betonkirche über dem „Haus des Petrus" urplötzlich hergefallen war.

Also zog er am Ufer des Sees nach Süden weiter und kam nach einer halben Stunde an der sumpfigen Mündung des Jordan an. Etwas unentschlossen suchte er den Weiterweg zu den Ruinen von Betsaida, dem Geburtsort des Petrus, als ein dunkelhäutiger Hütejunge ihn an der Hand ergriff und auf einem schmalen Pfad durch Schilf und Gestrüpp zu den Zelten seiner Sippe brachte. Dort lagerte am morgendlichen Feuer ein etwa vierzigjähriger Araber mit zwei jüngeren Männern. Zwei Frauen wuschen ihre Wäsche in einer Bucht, die vom Jordan gespeist wurde. Der ältere der beiden stand auf, führte zur Begrüßung die Hand an Stirne und Brust und lud den Fremden zum Tee ein.

„Betsaida? Almagor? Chorazin?", fragte Yussuf, der Palästinenser. „Ken", antwortete Oliver auf Hebräisch, weil er nicht wusste, was „ja" auf Arabisch hieß. Yussuf machte eine Geste, die bedeutete, dass er den Gast begleiten werde. Oliver wollte lieber allein sein, aber er brachte es nicht fertig, das Angebot abzuweisen. So führte ihn Yussuf zunächst zu den Ruinen, die vom Geburtsort des Petrus übrig geblieben waren. Zwei ältere Archäologen – Engländer, wie sich herausstellte – hatten einen Gang angelegt, der offensichtlich quer über eine alte Straßenanlage führte. Sonst war noch nicht viel zu sehen. Oliver setzte sich auf einen Stein, von dem er das hügelige, bewachsene Ruinenfeld von Betsaida überblicken konnte. Yussuf blieb geduldig im Hintergrund und ließ die Perlen einer rosenkranzähnlichen Kette unentwegt und doch irgendwie unbewegt durch die Finger gleiten. Für den Araber spielte die Zeit noch keine Rolle.

Oliver blickte mit der Sonne im Rücken über den See: Hier war also die Heimat der Apostel Petrus, Andreas und Philippus; von hier aus gingen sie dem Fischfang nach wie fast alle Männer des Ortes, nicht umsonst hatte er den Namen „Haus des Fischfangs" bekommen. Als Oliver sich bei den Benediktinern in Tabgha den St. Petersfisch schmecken ließ, enttäuschte ihn der Koch jedoch mit der Bemerkung, dass es sich dabei heute um einen japanischen Karpfen handelte, der, wie Züchter im benachbarten Kibbuz Ginnosar herausgefunden hatten, besonders üppig im Wasser des Sees gedieh.

Inzwischen waren Oliver und sein Begleiter die Höhe hinauf zum Kibbuz Almagor gestiegen. Auf seinen Feldern wurde vor gut dreißig Jahren das Städtchen Chorazin wiedergefunden. Die Synagoge, in der sicher auch Jesus gelehrt hatte, war einst aus Basaltsteinen erbaut. Es war heiß geworden, und Oliver erinnerte sich an das Wort der Schrift: „Weh dir Chorazin! Weh dir, Betsaida! Wenn einst in Tyrus und Sidon die Wunder geschehen wären, die bei euch geschehen sind, man hätte dort in Sack und Asche Buße getan ..." (Mt 11, 21).

In Betsaida hatte Jesus einen Blinden geheilt, von der kleinen Stadt Chorazin überliefert die Schrift kein Zeichen Jesu.

Oliver saß im Schatten eines wilden Apfelbaumes und las die Predigten nach, die Jesus hier in Galiläa gehalten hatte: Die Bergpredigt, das Manifest des Christentums, die Predigt in der Synagoge von Kafarnaum, die so genannte Brotrede im Johannesevangelium, die Gleichnisse vom Sämann, vom Unkraut im Weizen, die Geschichten vom reichen Fischfang, vom Seesturm und vom Wandel auf dem See. Der glitzerte in der Sonne. Und von der Höhe aus sind die schönen Namen verständlich, die ihm die Menschen gegeben hatten: Harfe Gottes, Auge Gottes, Gottes Liebling.

Olivers Blick ging über die großen, weiten und künstlich bewässerten Felder des nahen Kibbuz und blieb an den kleinen Flächen hängen, die noch von den Beduinen bebaut wurden. Der Weizen, der ziemlich dünn aufgegangen war, zeigte auf kurzem Halm bereits den Ansatz der Ähren. Die mit Basaltsteinen umsäumten Felder waren oft nicht größer als zehn, zwölf Schritte im Quadrat: „Ein Sämann ging aufs Feld, um zu säen. Als er säte, fiel ein Teil der Körner auf den Weg ... ein anderer Teil fiel auf felsigen Boden, wo es nur wenig Erde gab ...“ (Mt 13, 3–5).

Eine Fülle von Jesusworten, von Ereignissen und Vorgängen, die die Bibel beschreibt, zogen an seinem geistigen Auge vorüber. Oliver war glücklich.

Er erinnerte sich an seinen Begleiter, der ein wenig abseits auf dem Boden kauerte und wartete. Er winkte ihn heran und teilte wortlos mit ihm, was er im Rucksack hatte: Brot, Wasser und Orangen. Yussuf aß ohne Hast und drehte sich dann aus dem Tabak, den er sich aus der Hosentasche gezaubert hatte, und Zeitungspapier eine Zigarette.

Eigentlich wollte Oliver jetzt hinabsteigen zum Berg der Seligpreisung, doch Yussuf drängte ihn in die entgegengesetzte Richtung. Er ging ihm auf einem schmalen Pfad voraus; bedächtig, immer im gleichen Abstand zu Oliver, stieg er den Hügel hinan. Er sah sich nicht um, und Oliver folgte ihm wie selbstverständlich. Als sie den Hügel erklommen hatten, der mit Schafen und Ziegen hell und dunkel betupft war, neigte sich der Pfad in das Trockental eines Baches. Sie folgten ihm wieder aufwärts. Yussuf ging in der ruhigen, leicht schwankenden Art eines Kamels, Oliver geriet in der Hitze fast außer Atem. Aber er zwang sich, doch ein wenig neugierig geworden, zum Weitergehen.

In einiger Entfernung zeigten sich die schwarzen Zelte einer Beduinensippe. Yussuf deutete auf die Behausungen und sagte: „En Tovim. En Tovim." Jetzt sah auch Oliver die kleine Quelle neben den Zelten. Eine Schar Kinder kam angerannt, sechs oder acht Jungen, die Mädchen blieben abwartend stehen. Yussuf deutete bei einigen Jungen ein leichtes Streicheln über den Kopf an und ging direkt auf das Zelt zu, das in der Mitte stand. Unter dem Eingang saß im Schatten auf einer Art Kamelsattel ein Kind, etwa zehn Jahre alt, mit großen, dunklen Augen. „Ischah", sagte Yussuf zärtlich mit ein wenig heiserer Stimme und beugte sich zu dem Jungen herab.

Oliver merkte es sofort: Die Beinchen hingen dünn und kraftlos an beiden Seiten des Sattels herunter. Der Junge war gelähmt. Ischah hielt sich mit der einen Hand am Messingknopf des Sattels fest; die andere führte er zur Begrüßung an die Stirn und an die Brust. Er lächelte aus seinem freundlichen, offenen Gesicht und wirkte in seiner einfachen und doch würdevollen Art wie ein verarmter Märchenprinz aus Tausendundeiner Nacht.

Du
hast ihn in
Ruinenfeldern
und auf
bedruckten
Blättern
gesucht,
doch Jesus
begegnet dir
im geringsten
Menschen ...

OLIVER HOCKTE SICH NIEDER. Er holte die letzte Orange aus seinem Rucksack und überreichte sie Ischah. Ischah, das ist das arabische Wort für Jesus, Ischah lächelte ihn an.

Oliver begriff die Situation. Du hast ihn gesucht in Ruinenfeldern und auf bedruckten Blättern, du hast ihn gesucht am See und in den Geschichten des Evangeliums, doch Jesus begegnet dir nach wie vor in den kleinsten und geringsten Menschen, die man so leicht übersieht. Hier begegnet er dir jetzt leibhaftig in der armen Gestalt eines gelähmten Jungen an der Quelle von En Tovim. Damit du es wirklich begreifst und das Zeichen, das dir gegeben wird, auch verstehst, dass du begreifst und verstehst, dass ICH es bin, heißt der kleine Junge Ischah, Jesus.

Der Landrover rumpelte, hüpfend und mürrisch ausschlagend wie ein störrischer Esel, das Wadi hinunter. Yussuf hielt Ischah auf seinem Schoß, Pater Anselm fuhr den Wagen, und Oliver hielt sich am Gestänge des Aufbaus fest, damit er nicht von der glatten Ladefläche heruntergeschleudert wurde. Anselm hatte nicht lange geredet, als Oliver ihm am Abend von der Begegnung bei der Quelle von Tovim berichtet hatte: „Wir holen den Jungen in unser Zentrum und sehen, was wir für ihn tun können."

Am nächsten Tag fuhr Oliver mit dem Linienbus nach Zefat: „Die Stadt, die auf dem Berge liegt, kann nicht verborgen bleiben" (Mt 5, 14). Er besichtigte die Synagogen der Askenasi und der Sephardim.

Dann, etwa eine Wegstunde außerhalb der Stadt, fand er das Grab von Rabbi Simon. Den Grabplatz hatte sich eine Familie frommer Juden ausgesucht, um offensichtlich das Gedenkfest für den Rabbi zu feiern. Mit Mühe konnte sich

Oliver ihrer Einladung entziehen; die ungewohnten Gerüche aus den Kochtöpfen bestärkten seine Widerstandskraft.

Im Trockental des Ammud ging er durch die weiten unbebauten Flächen Obergaliläas zurück zum See. Vorher machte er noch einen Abstecher nach Migdal, der Ortschaft, aus der Maria Magdalena stammte, und traf zum Abendessen wieder in Tabgha, todmüde aber zufrieden, ein.

Maria von Migdal gehörte zur Gruppe der Frauen, die Jesus als Jüngerinnen begleiteten und ihm mit ihrem Vermögen dienten, wie es in der Schrift heißt. Ein kleines Denkmal an der viel befahrenen Straße nach Tiberias erinnert an sie noch heute; stellvertretend für alle Frauen um Jesus.

Je mehr Oliver nachdachte, desto deutlicher wurde ihm: Die Leidensgeschichte ist eine Sache von Männern. Mit Männern geht Jesus in den Garten Getsemane und wird von ihnen allein gelassen; von einem Mann wird Jesus verraten; Männer haben seinen Tod geplant und beschlossen; Männer schleppen ihn zum Kreuzigungsort und vollstrecken dort das Todesurteil. Die Freunde Jesu haben ihn, bis auf Johannes, verlassen. Alles Männer. Aber unterm Kreuz tauchen Frauen auf. Sie unterwerfen sich nicht der HERR-schaft des Todes; deswegen sind es dann auch Frauen, die am Ostermorgen die ersten Zeuginnen des Auferstandenen sind:

„Sie kehrten vom Grab zurück und berichteten alles den Elf und den anderen Jüngern. Es waren Maria Magdalena, Johanna und Maria, die Mutter des Jakobus ... Doch die Apostel hielten alles für Geschwätz und glaubten ihnen nicht“ (Lk 24, 9–11).

„Wie noch heute“, dachte Oliver, „hatten es damals die Frauen schwer, obwohl sie die wichtigste Botschaft des Christentums auszurichten hatten: Er ist auferstanden! Doch sie haben es heute noch schwer.“

Oliver überlegte weiter: „Der Karfreitag kann gesehen werden; dazu braucht man Männer. Das Ostergeheimnis wird mit dem Herzen verstanden; dazu brauchen wir Frauen. Sie sind es, die in erster Linie fähig sind, den Sieg des Lebens über den Tod zu sehen und weiterzusagen. – Aus dieser sterilen Männerkirche der Intrigen und der Gewalt muss endlich eine geschwisterliche Kirche der Liebe werden."

Nach einem Ruhetag machte er sich auf den Weg nach Nazaret. Oliver suchte sich den alten Pilgerweg durchs Taubental. Er wanderte vorbei an der Festung Arbel und den Hörnern von Hittim; hier wurde im 12. Jahrhundert eine entscheidende Schlacht zwischen den Kreuzrittern und den Muslimen geschlagen. Oliver labte sich an der Quelle des Drusenheiligtums in Nebi Sueib, die die fränkischen Ritter damals nicht gefunden hatten. Auch ein Grund dafür, dass sie in ihrer schweren Rüstung bei sengender Hitze elend zugrundegegangen waren. Die Anhänger des Propheten auf ihren kleinen flinken Pferden hatten ein leichtes Spiel mit den Christen, so dass einer von ihnen klagte: „Ein rechter Tor ist also, wer noch den Kampf gegen die Türken sucht, da Gott denen ja alles erlaubt. Gott, der ehemals wachte, schläft jetzt ..."

Oliver erinnerte sich daran, dass Krieg und Gewalt die Kirche noch nie vorangebracht hatten. „Mehr als ein abgehauenes Ohr kam dabei nie heraus." Oliver lächelte in sich hinein, als er an den Eifer des Petrus dachte, der schon kurz nach diesem hitzigen und doch wenig erfolgreichen Schwertstreich zum Verräter wurde: Wer das Schwert ergreift, kommt durch das Schwert um! „Die Kirche bräuchte sich nur an die Bibel zu halten", dachte Oliver, „und viele Probleme wären gelöst! Vielleicht nicht nach Menschenart gelöst, aber so, dass sie am Ende der Zeiten vor Gott bestehen könnte ..."

Ein stolzer Eingeweihter, ein drusischer Religionslehrer, mit rotem Hut und weißem Tuch, zeigte ihm den Weiterweg über die Hügel.

Zwei Kirchen in Kefar Kana, das Oliver drei Stunden später erreichte, halten die Erinnerung an das erste Zeichen Jesu, das Weinwunder, wach. „Heute müsste Jesus Wein zu Wasser verwandeln!“, sagte Oliver zu sich, „so sehr haben wir die Gottesgabe verdorben!“

Kana, wenige Kilometer vor Nazaret, ist auch der Geburtsort des Apostels Bartholomäus. Oliver stieg über die Höhe nach Nazaret, das in einem Talkessel liegt. Hier lebte vor 2000 Jahren Josef, der Zimmermann. Hier lebte das Mädchen Maria, das Gott für sein gewaltiges Gnadenspiel ausersehen hatte, hier war die Heimat Jesu: „Et verbum caro hic factum est.“ Über diese Stadt urteilte Jesus bereits am Anfang seines Wirkens: „Kein Prophet wird in seiner Heimat anerkannt“ (Lk 4, 24).

Es war bereits dunkel, als er bei den Kleinen Schwestern Jesu anklopfte und gastlich aufgenommen wurde. Zusammen mit einer deutsch-französischen Jugendgruppe übernachtete er auf einem Bastteppich, der auf dem Fußboden des schlichten Gastraumes ausgebreitet worden war.

Die Stadt war voller Menschen; schon am frühen Morgen drängten sich die Gruppen vor der gewaltigen Verkündigungskirche, die nicht so recht in die Umgebung passen wollte. Dazwischen verkauften aufdringliche Händler billige Rosenkränze, Dias und Videokassetten.Trotz dieses geschäftstüchtigen Treibens waren für Oliver zwischen den Verkaufsständen, Buden und kleinen Werkstätten, biblische Gestalten zu entdecken: Der Blinde am Tor der Basilika, der seine Hände am Kalkstein rieb, Frauen, die Körbe mit Früchten auf dem Kopf trugen, ein Hirte, der seine kleine Schafherde mitten durch die überfüllte Hauptstraße trieb ...

Oliver wandte sich ab und fragte sich zu den Klarissen durch, die auf einem Hügel der Stadt einen Schatz bewahrten: die Zelle, in der Charles de Foucauld einige Jahre gelebt hatte. Auf sein Lebenszeugnis gehen die Gemeinschaften zurück, die sich nach dem Evangelium „Kleine Brüder und Schwestern Jesu“ nennen. Das Ziel Charles' de Foucauld war es, „so getreu wie möglich das Leben unseres Herrn Jesus Christus in Nazaret nachzuleben“. Er wurde 1916 in Tamanrasset ermordet. Zuvor hatte er vielen Menschen in Nordafrika, gleich welcher Religion und Hautfarbe, wie ein Bruder gedient. Die Kleinen Brüder und Schwestern Jesu halten in unserer Welt die Erinnerung daran wach, dass das Evangelium vielfach dort schon Wirklichkeit ist, wo es gute Christen am wenigsten vermuten: In den Slums, in den Elendsvierteln, unter den Aidskranken, unter den Außenseitern unserer Gesellschaft.

Die Gemeinderegel des Charles stieß auf eine ähnliche Ablehnung wie einst die Ordensregel des Franz von Assisi: „Ihre Regel ist absolut undurchführbar! Versuchen Sie nicht, dafür Gefährten zu finden ...“, so hatte einer dem „Kleinen Bruder Jesu“ geschrieben. Charles de Foucauld hat lange nach seinem Tode in aller Welt viele gefunden, die nach dieser „undurchführbaren Regel“ leben.

Über die Berge von Nazaret stieg Oliver dann zum Tabor hinauf, jener kegeligen Erhebung, die von allen Seiten „schön anzusehen ist wie eine Frauenbrust“. Hier lokalisiert die Tradition die Verklärung Jesu. Schweißgebadet kam er in der Mittagsstunde auf dem Plateau an. Das Franziskanerkloster hielt jedoch strenge Siesta, da half kein Klopfen und Rufen. Immerhin rann vor den Ruinen aus der Kreuzfahrerzeit ein kleiner kühlender Brunnen. „Petrus sagte zu Jesus: Rabbi, es ist gut, dass wir hier sind. Wir wollen drei Hütten bauen ...“ (Mk 9, 5). Das stattliche Kloster der italienischen Franziskaner blieb jedoch verschlossen. So musste Oliver ohne Stärkung wieder hinuntersteigen in die Niederungen des Lebens wie einst schon die drei Apostel Petrus, Jakobus und Johannes. Die Häuser werden immer für die anderen gebaut.

Vom Dorf Tabor, am Fuße des Berges, nahm ein Touristenbus, der gut zur Hälfte mit unterhaltsamen Italienerinnen gefüllt war, den Bischof mit nach Tiberias am See. Das Boot der Benediktiner fuhr gerade nach Tabgha zurück, so dass Oliver rechtzeitig zum Abendessen im Kloster war.

Oliver genoss das Galil, die Heimatlandschaft Jesu, so sehr, dass er seine Pläne änderte. Er wollte weder nach Jerusalem noch nach Betlehem gehen, sondern seinen Aufenthalt im Heiligen Land mit einer Wanderung rund um den See Genesaret beschließen und dann nach Hause zurückfliegen. Das sagte er beim Abendessen Pater Anselm, und auch: „Ich werde Ischah mit nach Würzburg nehmen. Vielleicht haben wir in Deutschland bessere Möglichkeiten, ihm auf die Beine zu helfen."

„Brauchen Sie immer noch eine Selbstbestätigung?" Anselm hatte das Besteck zur Seite gelegt. „Sie wissen genau, dass Ischah niemand mehr helfen kann. Aber hier ist er glücklich. Sehen Sie doch in seine Augen! Hier ist er zu Hause. Was wäre er in Deutschland? Ein kaltes Paradebeispiel für die bischöfliche Nächstenliebe, das von einem Krankenhaus zum anderen weitergereicht würde. Und das Ende? Er käme enttäuscht und entfremdet hierher zurück. Wenn überhaupt. Nein. Ischah bleibt hier bei uns!"

Anselm war abrupt vom Tisch aufgestanden, drehte sich aber beim Weggehen an der Türe um und sagte nur: „Entschuldigung!"

Und Oliver antwortete, obwohl er sich über den schroffen, fast feindseligen Ton geärgert hatte: „Sie haben ja recht. Und ich freue mich, dass Ihnen der Junge so viel bedeutet, Pater. Hier ist er wirklich am besten aufgehoben."

Am übernächsten Tag begann Oliver seine Wanderung rund um den See.

Entgegen der biblischen Weisung bei der Aussendung der Jünger durch Jesus „... und er gebot ihnen, außer einem Wanderstab nichts auf den Weg mitzunehmen, kein Brot, keine Vorratstasche, kein Geld im Gürtel, kein zweites Hemd und an den Füßen nur Sandalen ..." (Mk 6, 8.9.), hatte er einen Rucksack, dazu Brot und Obst mitgenommen, und zu den Schekeln noch zwei Adressen, die ihm Anselm aufgeschrieben hatte, falls er Schwierigkeiten mit der Übernachtung bekommen sollte; die eine für den Kibbuz Degania A, der ältesten Gemeinschaftssiedlung Israels an der Südspitze des Sees, die andere für Ramot, einem jüdischen Dorf am Nordhang der Golanhöhen, über dem alten Kursi. Dort war nach der biblischen Überlieferung die Schweineherde im See ertrunken.

Die Tageskilometerleistung für die rund 50 Kilometer lange Strecke rund um den See war gering. Schon zwischen Tabgha und Ginnosar war Oliver unter einem alten und riesigen Eukalyptusbaum hängen geblieben. Er konnte nicht satt davon werden, zu sitzen und über den See zu schauen. Die kurzen Wellen, die ans Ufer schlugen, waren bald eins geworden mit seinem Atem. Im Rhythmus des Wassers pulste sein Leben, und er hatte das Gefühl, dass er hier all das wieder aufnehmen konnte, was er in vielen Priesterjahren ausgegeben hatte...

Im Schatten eines riesigen Fünf-Sterne-Hotels liegt in Tiberias die kleine polnische Kirche, die in der Form des Schiffes Petri gebaut ist. Dort klopfte Oliver an, und ein alter Mann, sicher weit über die achtzig, tief gekrümmt, öffnete und ließ ihn in einen liebevoll gepflegten Garten zwischen dem winzigen Hospiz und der Kirche eintreten. Hier stand, in Bronze gegossen, eine originalgetreue Nachbildung der Statue des Apostelfürsten aus der Peterskirche in Rom. Doch dieser deutliche Fingerzeig an die Macht des Vatikan konnte Oliver nicht mehr schrecken.

Wenn er sich mit Essen selbst versorge, meinte der Alte, könne er gerne hier übernachten. Das Zimmer sei allerdings schon lange nicht mehr benutzt gewesen. Bevor Oliver sich auf dem bescheidenen Lager ausstreckte, brachte eine alte Frau eine große Tasse mit fremdartig duftendem Tee. Oliver schlief tief und lange; erst das Glöckchen der Kirche weckte ihn auf. Er fand die beiden Alten im winzigen Presbyterium, wie sie mit zitternden Stimmen die Laudes sangen:

„Du wirst sein Volk
mit der Erfahrung des Heils beschenken
in der Vergebung der Sünden.
Durch die barmherzige Liebe unseres Gottes
wird uns besuchen das aufstrahlende Licht
aus der Höhe,
um allen zu leuchten,
die in Finsternis sitzen und im Schatten des Todes,
und unsere Schritte zu lenken
Auf den Weg des Friedens …“

So als wäre er hier zu Hause, ging der Bischof in die kleine Sakristei und kleidete sich an. Dann feierte er mit den Letzten der katholischen polnischen Gemeinde in Tiberias Eucharistie …

Bevor er weiter am Ufer des Sees entlangwanderte, besuchte Oliver das Grab von Rabbi Meir oberhalb der heißen Quellen von Hammat Tiberias. Von hier aus konnte man das ganze Galiläische Meer überblicken von Kafarnaum bis zum Ausfluss des Jordan. Die Berge des Golan und von Gilad lagen im Dunst. Am Ufer herrschte über etliche Kilometer ein lustiges Strandleben; die ersten Tagesgäste wagten sich sogar ins Wasser, obwohl der See für israelische Verhältnisse noch recht frisch war. Oliver erinnerte sich daran, dass Sabbat war. Im Rosen-Kibbuz Kinneret freute er sich über die wunderschönen Blumenanlagen. Die Übernachtungsmöglichkeit in Degania schlug er aus und lagerte mit der sinkenden Sonne bei Ha On am Strand. Der Sabbat neigte sich zum Ende; deswegen wurde es bald ruhig am See, und die drei Sterne, die das Ende des Ruhetags anzeigten, erschienen strahlend am abendlichen Himmel.

Oliver hatte wieder lange den Wellen zugesehen, die am Abend durch den Fallwind stärker geworden waren. Er zog sich auf eine kleine Anhöhe zwischen die Wurzeln eines Eukalyptuswäldchens zurück. Der Himmel über ihm war inzwischen mit Sternen übersät.

Ihm schien, als sei das Neue Testament erst gestern geschrieben worden. Die vielen Geschehnisse rund um den See, die Worte Jesu und seine Gleichnisse wurden in ihm lebendig. Jesus selber sprach durch sie zu Oliver. Und er erinnerte sich an das Wort des französischen Politikers Lamartine: „„Das Land, das ein großer Mensch bewohnt und bevorzugt hat, solange er über die Erde ging, ist mir immer als die sicherste und aussagekräftigste Reliquie erschienen.“

Die Heilige Schrift überliefert das Wort des Propheten Jesaja: „Das Land Sebulon und das Land Naftali, die Straße am Meer, das Gebiet jenseits des Jordan, das heidnische Galiläa: das Volk, das im Dunkel lebte, hat ein helles Licht gesehen; denen, die im Schattenreich des Todes wohnen, ist ein Licht erschienen“ (Mt 4, 15.16).

Hier hatte die bescheidene und demütige Gestalt des Jesus von Nazaret auf die Kleinen im Lande einen ungeheueren Einfluss ausgeübt. Seine Sprache, seine Bilder, aber auch seine Anforderungen hatten die Menschen, die hier lebten, verstanden. Von hier ließen sich die Jünger herausführen zu neuen, zu weltweiten Aufgaben: „Als Jesus am See von Galiläa entlangging, sah er zwei Brüder, Simon, den man Petrus nennt, und seinen Bruder Andreas; sie warfen gerade ein Netz in den See, denn sie waren Fischer. Da sagte er zu ihnen: Kommt, folgt mir nach! Ich werde euch zu Menschenfischern machen. Sofort ließen sie ihre Netze liegen und folgten ihm." (Mt 4, 18-20).

Ein wenig steif war er schon, als er sich in aller Morgenfrühe wieder auf den Weg machte. Er stieg den Hügel hinan, wo er die Quelle Mezar vermutete. Er fand aber nur den schweigsamen Wächter des Nationalparks, der die Steinböcke bewachte, die seit einigen Jahren am Golan wieder heimisch geworden waren. Er trank mit dem Araber Wasser aus der Feldflasche; Oliver trug zum kargen Frühstück Brot und Obst aus seinem Rucksack bei.

Bei Susita, bevor er wieder zum See hinabstieg, fand er Ruinenreste aus der Zeit des zweiten Tempels. Bei En Gev nahm er den schönen Pfad, der ihn nach Kursi brachte. Hier las er in den restaurierten Resten einer byzantinischen Kirche aus der Schrift die Stelle, da Jesus zwei Besessene heilt, die ihm aus den Grabhöhlen von Gadara entgegengekommen waren: „Da baten ihn die Dämonen: Wenn du uns austreibst, dann schick uns in die Schweineherde ... Und die ganze Herde stürzte sich den Abhang hinab in den See ..." (Mt 8, 31.32).

War nicht auch er von einer Art Besessenheit geheilt worden? War er nicht auch gefesselt gewesen und ausgeschlossen aus der Gemeinschaft der Menschen? Oliver durchströmte ein Gefühl tiefer Dankbarkeit.

■

Da
wusste
Bischof
Oliver Maß
schon
am Palmsonntag,
dass er
seinen Karfreitag
überstanden
hatte …

DIE NACHT VERBRACHTE OLIVER im Gästehaus von Ramot. Es liegt inmitten eines kleinen blühenden Paradieses, und die Gastgeberin war sichtlich stolz, dass Oliver die Blumenpracht entsprechend bewunderte. Er beschloss, noch zwei weitere Tage inmitten dieser Herrlichkeit über dem See zu verbringen. Das „Auge Gottes", wie die Araber den See Genesaret nennen, zu seinen Füßen, meditierte Oliver hier das ganze Markusevangelium, jetzt hatte er endlich dafür Zeit, und die biblischen Bilder wurden vor seinen Augen zur plastischen Wirklichkeit; seine Gedanken wurden nur gelegentlich unterbrochen von der Fürsorglichkeit Sarah Shmuels, die ihn mit frisch ausgepresstem Orangensaft, Salaten und Weißbrot versorgte und nicht müde wurde, die Blumen und Beete rings um das Haus mit frischem Wasser zu gießen.

Am letzten Tag seiner Rundwanderung kletterte er noch einmal in die Höhe hinauf zu den Ruinen von Gamla. Die Dolmen dort, Gräber aus der mittleren Bronzezeit, 2 000 vor Christus, waren mit einer Fülle von herrlichen weißen und rotvioletten Alpenveilchen umgeben. Oliver stieg von dort nach Betsaida hinab und fand zu seiner Überraschung am Rande der Ausgrabungen Yussuf mit seiner ganzen Sippe. Die Familie hatte ihre Zelte an den See verlegt, weil es hier noch grünes Gras gab; auf den Höhen war es bereits verdorrt. Yussuf nahm ihn bei der Hand und führte ihn in das erste Zelt, das schon die helle Sommerbespannung hatte. Dort rutschte Ischah über den mit Teppichen ausgelegten Boden und spielte fröhlich inmitten seiner Geschwister. Er sah nur kurz auf, grüßte mit verhaltenem Lächeln und beschäftigte sich wieder mit den ausgelegten bunten Steinen.

„Ischah ist wieder zu Hause! Sein Vater hat ihn vorgestern heimgeholt. Auf den Schultern hat er ihn weggetragen." Oliver sah die Trauer in den Augen Pater Anselms. Er hatte den Jungen in den wenigen Tagen doch lieber gewonnen, als er zugeben wollte. Jetzt verstand Oliver die schroffe Reaktion auf sein spontanes Angebot, den kleinen Araber mit nach Deutschland zu nehmen.

„Ich weiß", sagte Oliver. „Ich habe ihn gesehen. Die Familie lagert drüben in den Ruinen von Betsaida. Ischah ist glücklich." – „Ja, er ist glücklich", sagte Anselm. „Aber es ist eine andere Art Glück in dem Jungen, eine Art, die wir Europäer nicht verstehen können."

Der letzte Tag in Israel war angebrochen; am späten Nachmittag sollte Olivers Maschine in Tel Aviv starten. Noch einmal war Oliver vor Tagesanbruch auf den Berg der Seligpreisung hinaufgestiegen. Als die Sonne am Hermon, dem schneebedeckten Grenzgipfel am Dreiländereck nach Syrien und dem Libanon, aufging, überflutete goldenes Licht die Berge, die Felder und den See, der das Licht silbrig-schimmernd zurückwarf:

„Jesus sagte:
Selig, die arm sind vor Gott;
denn ihnen gehört das Himmelreich.
Selig die Trauernden;
denn sie werden getröstet werden.
Selig, die keine Gewalt anwenden;
denn sie werden das Land erben.
Selig, die hungern und dürsten
nach der Gerechtigkeit;
denn sie werden satt werden.
Selig, die Barmherzigen;
denn sie werden Erbarmen finden.

Selig, die ein reines Herz haben;
denn sie werden Gott schauen.
Selig, die Frieden stiften;
denn sie werden Söhne Gottes genannt werden.
Selig, die um der Gerechtigkeit willen
verfolgt werden;
denn ihnen gehört das Himmelreich.
Selig seid ihr,
wenn ihr um meinetwillen beschimpft und verfolgt
und auf alle mögliche Weise verleumdet werdet.
Freut euch und jubelt:
Euer Lohn im Himmel wird groß sein.
Denn so wurden schon vor euch
die Propheten verfolgt ..." (Mt 5, 3–12).

Ein großer Friede erfüllte Oliver, den er hautnah in seinem ganzen Körper spüren konnte. Wie ihn vorher die Angst besetzt hatte, durchfluteten ihn jetzt Freude und Erwartung. Er hatte wieder zu sich gefunden. Die Botschaft des großen Nazareners, der sich für die Menschen ganz klein gemacht hatte, hatte ihn neu erfüllt, und ihm den Weg gezeigt, den er jetzt weitergehen sollte.

■

Im Rathausinnenhof zu Würzburg segnete Weihbischof Dr. Johannes Erdel die Palmzweige und Blumen für die Prozession zum Dom. Er überreichte dem Bischof eine Narzisse, und Oliver schenkte ihm einen Ölzweig, den er aus Israel mitgebracht hatte. Dann zog die Palmprozession zum Dom. Für einen kurzen Augenblick zögerte Oliver am weitgeöffneten Bronzeportal. Doch dann schritt er entschlossen und voller Hoffnung in die Kathedrale. Mächtig stimmte die Orgel in den Gesang der vielen Menschen ein, die schnell das große Gotteshaus bis auf den letzten Platz füllten: „... Völker, ebnet seine Bahn, Salem streu ihm deine Palmen ...“ Oliver wusste es ganz sicher, der Herr zieht mit ihm in den Dom ein, um ihn nie wieder zu verlassen.

Zu seinem Erstaunen sah er, dass die Plätze der Domkapitulare und Domvikare leer waren. An ihrer Stelle erwarteten die Vorsitzenden aller großen Verbände den Bischof und begrüßten ihn der Reihe nach. Als letzte kamen Miriam und Matthias vom KOMM.

Der Bischof hatte gerade auf seinem Sitz Platz genommen, um der Liturgie zu folgen, als sich aus der ersten Reihe ein kleiner Junge von der Hand seiner Mutter löste, die Marmorstufen hinaufkrabbelte und dem Bischof einen kleinen Blütenzweig überreichte.

Da wusste Oliver Maß schon am Palmsonntag, dass er seinen Karfreitag überwunden hatte und mit seinem ganzen Bistum Ostern feiern konnte.

■

Lieber kleiner Bischof

ein Briefwechsel

Lieber Kleiner Bischof!

Viele Male erreichten den Autor des Kleinen Bischofs Briefe mit dieser oder ähnlicher Anrede. Christen und Nichtchristen, Gläubige und Suchende mit ihren Erfahrungen, Freuden, Enttäuschungen und Sorgen erweckten die Romangestalt zum Leben, machten Oliver Maß, den Zukunftsbischof am Anfang des neuen Jahrtausends, zu einer Wirklichkeit und zum Gesprächspartner. Sie rechneten mit seiner moralischen Hilfe, sie wollten seinen Rat, sie teilten seine Visionen, sie trauerten mit dem Bischof und freuten sich mit ihm. So blieb nichts anderes übrig, als diese Briefe im Sinne und in der Überzeugung des Kleinen Bischofs zu beantworten.

Sie wurden zu einem Austausch mit den Absendern aus Deutschland, aus Österreich und der Schweiz, sogar aus Übersee. Aus diesem umfangreichen Briefwechsel veröffentlichen wir im Nachgang zum Roman einen Auszug aus der Korrespondenz der Leser und Leserinnen mit dem „Kleinen Bischof". Dabei kommt es dem „Bischof" nicht auf hohe Theologie an; er gibt Antworten, die aus dem Herzen kommen, Hintergründe erhellen und zum Nachdenken und eigenen Handeln des Empfängers anregen.

Alle Namen in diesen Briefwechseln wurden geändert

Lieber Bischof,

Als ich deine Lebensgeschichte gelesen habe, da habe ich mir ganz spontan gewünscht, du könntest mein großer Bruder sein – ich darf doch du sagen? –, weil mir dann vieles in meiner Jugend erspart geblieben wäre. Zehn Jahre lang habe ich gegen meine homosexuelle Anlage gekämpft. Es ist grausam, wenn man so sein muss, wie alle anderen sind. Ich habe mit allen Mitteln gekämpft; ich bin sogar zu einer Jugendboxgruppe gegangen, habe geschlagen und mich schlagen lassen, gegen meine Überzeugung. Umsonst. Ich habe mir ein Motorrad angeschafft und war mit der Clique in halb Europa ständig unterwegs. Aber ich bin dabei immer einsamer geworden. Mit Alkohol und Frauen konnte ich nichts anfangen. Einmal habe ich auch gebeichtet, das heißt, ich wollte meine ganze Geschichte beichten. Da bin ich aber an den Falschen geraten. Der Pfarrer hat mich so hart angefahren, dass ich den Beichtstuhl ohne Lossprechung mit rotem Kopf verlassen habe. Nie wieder, habe ich mir gesagt. So ist mir auch die Kirche fremd geworden, die mir als Ministrant lange Heimat war, zumal mich auch der Papst ständig als schweren Sünder bezeichnete.

Es hat lange gedauert, bis ich einen Freund gefunden habe. Der half mir dann, meinen Eltern zu „beichten“. Ich war sehr überrascht, wie offen und verständnisvoll mein Vater reagierte. Meine Mutter hat nach meinem „Geständnis“ lange geweint, aber dann hatten wir doch ein gutes Gespräch.

Mit der Kirche hatte ich nichts mehr am Hut; nur meinen Eltern zuliebe – ich wohne auf einem kleinen Dorf –

bin ich nicht ausgetreten. Dann las ich deine Meinung über Homosexuelle und fühlte mich zum zweiten Male wie befreit. Schade, dass das für mich alles so spät kommt, zu spät. Ich trauere den Jahren nach, obwohl das Leben noch vor mir liegt.

Dein „kleiner Bruder"
Manuel Steffens

Lieber Manuel,

Es kann sein, dass dich noch niemand auf deinen schönen Namen aufmerksam gemacht hat. Manuel kommt von Emmanuel und bedeutet auf deutsch: Mit uns ist Gott. Jesus selbst, unser Bruder, wurde so von den Propheten angekündigt. In der Hl. Schrift steht das schöne Wort: „Wenn Gott mit uns ist, wer kann dann gegen uns sein?"

Versteh' mich bitte nicht falsch; ich will dir nicht auf eine einfache Weise Trost spenden für das, was du in deinen jungen Jahren schon erlitten hast. Im Gegenteil: Ich möchte dich um Entschuldigung bitten für das, was dir auch die Kirche angetan hat. Wenn einer in der Kirche leidet, leiden wir alle darunter; wenn einem Unrecht durch die Kirche getan wird, haben wir alle Unrecht getan, oder sind daran mitschuld.

Die Kirche ist leider mitgeprägt durch die Gesellschaft ihrer Zeit; dieses Schicksal schleppt sie durch ihre ganze Geschichte wie einen überflüssigen Ballast mit. Doch manchmal hatte die Kirche aus dem Evangelium Jesu heraus die Kraft, gegen den Strom der Zeit zu schwimmen. Denke nur einmal an Franz von Assisi, der gegen eine Kirche „in Saus und Braus" im 13. Jahrhundert das Armutsideal der Bergpredigt stellte. Ich habe erst neulich in einem anderen Zusammenhang den Satz gelesen, „nur tote Fische schwimmen mit dem Fluss“. Manchmal ist auch die Kirche mit dem Strom geschwommen und hat sich angepasst, statt nachzudenken, was Jesus gewollt hat. Dann war sie wie tot. Wir alle können mithelfen, dass die Kirche wieder lebendig wird und Leben verheißt nach dem Willen Gottes.

Damit bin ich bei deinem Problem, mit dem dich die Kirche nicht leben lässt. Auf die Frage nach der Homosexualität gibt es auch heute noch keine wissenschaftlich abgesicherte Antwort. Falsch ist in jedem Fall die Diskriminierung des homosexuellen Menschen; es gibt ernsthafte Wissenschaftler, die von Vererbung sprechen. Wir sind heute sehr vorsichtig, bei Homosexualität von Krankheit zu sprechen oder gar von Verführung. Menschliche Sexualität drückt sich in vielen Formen aus. In jedem Mann steckt etwas von der Frau; in jeder Frau etwas vom Manne. Wir sind ein Leben lang nach Einheit und Vereinigung unterwegs, weil wir spüren, dass uns etwas fehlt. Was uns am meisten fehlt, ist immer ein Mensch.

Lieber Manuel, ich glaube nicht, dass die Kirche ein Recht hat, Homosexualität als Sünde zu bezeichnen und zu verurteilen. Oft bezieht sich allerdings die Verurteilung homosexueller Menschen durch die Kirche auf die Geschichte von Sodom (vgl. Gen 19), in der „alle Männer der ganzen Stadt die Auslieferung der Gäste des Lot fordern“, um mit ihnen sexuellen Umgang zu haben. Die Verurteilung dieses Verlangens richtet sich in der Bibel meiner Überzeugung nach vor allem gegen die Gewalttätigkeit der Bewohner dieser Stadt und gegen die Verletzung des Gastrechtes, das den orientalischen Völkern heilig war; nicht etwa gegen die Homosexualität.

Wenn die Homosexualität eine „schlimme Sünde" wäre, hätte sich Jesus vermutlich dazu geäußert; er hat es nicht getan, und wir wissen deswegen nicht sicher, wie er zu dieser Frage stand. Paulus allerdings nennt die Homosexualität widernatürlich, aber er ist und bleibt damit lediglich ein Kind seiner Zeit, weil er nicht näher über das Problem nachdenkt, und weil er vor allem nicht unter dem Gesichtspunkt der Liebe argumentiert. Jesus hat sich, das ist sicher, immer auf die Seite des schwachen, des ausgegrenzten Menschen gestellt; noch immer ist der Homosexuelle in der schwächeren Position. Ich weiß also ganz genau, auf welcher Seite Jesus stehen würde.

Ich möchte meinen Brief nicht mit einem Gang durch die wechselvolle Kirchengeschichte belasten; mir ist es viel wichtiger, dir zu sagen, dass dein Platz und der Platz deines Freundes in der Kirche ist. Ich wünsche Euch vor allem eine starke Liebe, die groß und ausdauernd genug ist, die besonderen Erschwernisse eurer Partnerschaft zu bestehen. Du weißt, zur Liebe gehören immer Treue und Verantwortung. Verantwortung bedeutet für euch beide, wie in jedem partnerschaftlichen Verhältnis, nichts zu tun, was dem anderen schadet, ihn verletzt oder in seiner Entwicklung und menschlichen Reife behindert. Die Treue hält zum anderen auch in kritischen Zeiten; das bedeutet, dass die Untreue auch darin besteht, den gemeinsamen Lebensweg aufzugeben und sein Leben anders zu orientieren, ohne den anderen daran teilnehmen zu lassen.

Bei Bert Brecht habe ich einen schönen Gedanken gefunden:

Der, den ich liebe
Hat mir gesagt,
Dass er mich braucht.

Darum
Gebe ich auf mich acht,
Sehe auf meinen Weg und
Fürchte von jedem Regentropfen,
Dass er mich erschlagen könnte.

Ein Anliegen noch zum Schluss: Wenn du in der Kirche fehlst, dann fehlst du der Kirche. Denn du bist wichtig.

Ob du mir noch einmal schreibst?

Dein Oliver Maß

Lieber Kleiner Bischof,

ich habe geheult vor Freude; denn es kam mir vor, als wäre es meine Geschichte, die ich in Ihrer Lebensbeschreibung gelesen habe: Über die Barmherzigen Schwestern zu den „Kindern Gottes“, Taizé, Charles de Foucauld, psychisch krank, und ... und ... und ...

Was mir fehlte, war, dass endlich einmal einer all das ausspricht, was ich fühlte, was ich erlitt. Ich habe es bis heute nicht übers Herz gebracht, meine beiden Buben (8 und 5 Jahre) taufen zu lassen, weil ich mit der katholischen Kirche nicht einverstanden sein kann, die viel Leid über mich gebracht hat durch die fürchterliche Moralerziehung in meiner Kindheit, an der ich bis heute zu beißen habe. Ich habe eine tiefe Liebe zu Jesus und dem, was er sagte, es ist oft der einzige Lichtstrahl, und ich kämpfe mit meiner Zaghaftigkeit und zweifle oft an mir; doch jetzt fühle ich mich nicht mehr einsam und sehne mich danach, dass die Saat in und um mich immer mehr aufgeht, egal was kommt.

Ihre Lotte Kämpf-Hauser

Liebe Frau Kämpf-Hauser,

Über Ihre tiefe Liebe zu Jesus freue ich mich sehr, denn sie verbindet uns miteinander. Wenn es für Sie nicht zu vordergründig klingt, möchte ich Ihnen schreiben, dass es für einen Menschen, der zu Jesus gefunden hat, gar nicht mehr wichtig ist, was früher alles war oder ob er in der Kirche ist. Jesus ist immer ein Neuanfang. Deswegen gehört es jetzt zu den entscheidenden Möglichkeiten Ihres Lebens, aus der Klage und der Anklage, aus Trauer und Enttäuschungen ein großes Loslassen zu machen und neu anzufangen. Für dieses Loslassen ist als Erstes das Erzählen wichtig. Wenn wir das, was wir erlebt und erlitten haben, wieder und wieder aussprechen können, entlasten wir uns; deswegen bin ich froh, dass Sie mir geschrieben haben, und Sie dürfen mir gerne wieder schreiben. Vor allem lassen Sie es Ihre beiden Jungen nicht „büßen", was Sie mitgemacht haben in Ihrer wechselvollen Lebensgeschichte. Sie waren ein halbes Leben lang auf der Suche, im Kloster, bei den „Kindern Gottes" – ich weiß von anderen Betroffenen, wie sie in dieser Gruppe so ausgebeutet und ausgelaugt wurden, dass ihnen alles Religiöse fremd, gelegentlich sogar verhasst wurde –. Sie haben Taizé kennen gelernt und gespürt, wie sehr dort noch der Geist des großen Roger Schutz lebt, der ein „kleiner, liebenswerter Bruder" von Jesus war wie Charles de Foucauld; Sie sind am Ende durch eine schwere Krankheit hindurchgegangen. Ein langer Weg, von dem ich jetzt hoffe, dass er Sie in ruhigere Bahnen führt. Aus den Erfahrungen sollen Ihre Kinder lernen können, ohne darunter zu leiden. Sehen Sie jetzt auf die zweite Hälfte Ihres Lebens.

In der sehe ich Ihre Chance für die beiden Kinder, für die Sie besondere Verantwortung tragen. Sie können Ihnen das Licht und die Geborgenheit sein, die Ihnen selber so oft fehlten. Die Saat geht auf, wie Sie schreiben, des bin ich sicher. Aber bis zur Reife brauchen wir Gelassenheit und Geduld. Übrigens hat Gelassenheit etwas zu tun mit dem Loslassen, von dem ich schon sprach: Je mehr sie loslassen können von dem, was sie belastet, desto gelassener können sie werden; wenn Sie auf diese Weise Schritt für Schritt zu mehr Frieden kommen, Rückschläge mit einkalkuliert, dann werden Sie zufriedener und Ihre Kinder mit Ihnen glücklicher.

Diesen Frieden Gottes
wünsche ich Ihnen von Herzen
Ihr Oliver Maß

Lieber Kleiner Bischof,

hätte ich Sie früher kennen gelernt, dann wäre ich vielleicht nicht aus der katholischen Kirche aus- und in die evangelische Kirche eingetreten. Aber das ist hypothetisch, und letztlich bin ich auch froh, dass ich diesen Schritt gewagt habe (er hat fünf Jahre gedauert); wo dieser Weg für mich hinführt, weiß ich noch nicht. Ich möchte mich herzlich bedanken, denn Sie haben gezeigt, was die Kirche sein kann. Ob's eine Vision war?

Mit lieben Grüßen
Ihr Ralf Kinder

PS: Eine Kuriosität am Rande. Ich hörte von Ihnen erstmals, als ich mit den Maltesern in Israel war. Leute, die Sie näher kennen, waren ganz begeistert. Heute weiß ich, warum.

Lieber Ralf,

Es ist nicht leicht, das eine aufzugeben und das andere zu leben; das spüre ich aus deinen Zeilen heraus. Es ist richtig, dass es meist Menschen sind, die uns Wege zeigen oder die Weichen stellen. Und doch müssen wir letztlich entscheiden, ob wir den Weg gehen wollen, ob wir die neue Lebensrichtung verwirklichen wollen. Ich hoffe, dass deine Entscheidung, die katholische Kirche zu verlassen und evangelisch zu werden, nicht allein geprägt war von den Enttäuschungen und Frustrationen. Da bliebe nichts als Wut und Trauer, und die Entscheidung wäre wenig tragfähig.

Deswegen freue ich mich darüber, dass du schreiben kannst, „ich bin letztlich froh, dass ich diesen Schritt gewagt habe". Ein Wagnis ist der Konfessionswechsel allemal, weil ein Stück der Kindheit, der Jugendzeit und damit ein Stück Heimat aufgegeben wird, auch wenn das alles zuletzt aus mancherlei Gründen ungeliebt war. Ich wünsche dir deswegen, dass du wieder beheimatet wirst in der Gemeinde, mit der du jetzt lebst. Dabei hängt viel von dir selber ab, denn du kannst nicht immer erwarten, dass die Menschen auf dich zugehen. Engagiere dich in der Gemeinde, tausche dich aus, aber vergiss auch nicht, was dir in deiner „katholischen Zeit" geschenkt wurde. Da gab es vieles, was dir über die Zeit der Trennung hinaus wertvoll bleiben muss. Vergiss das nicht, und erzähle deinen neuen Glaubensgeschwistern davon.

Die Kirche Jesu ist glücklicherweise größer und umfassender, als wir sie im engen Bereich der Konfessionen ausdrücken können. Deswegen müssen wir alle darauf achten, dass wir uns nicht einengen und uns durch Vorurteile und Einseitigkeiten selbst verschließen. Dann würden wir uns um viele Erfahrungen bringen.

Ich freue mich auch darüber, dass du Israel lieb gewonnen hast, so wie ich. Es ist etwas ganz Besonderes, die Heimat Jesu zu erleben, dort zu stehen und zu meditieren, wo Gott für uns Mensch geworden ist und als Mensch „in allem uns gleich" gelebt hat. Jesus hat darum gebetet, dass wir alle eins seien; um diese Einheit wollen wir, jeder an seinem Platz, ringen.

Ich rechne fest mit Dir.
Dein Oliver Maß

Verehrter Kleiner Bischof!

Ich bin hundertprozentig an Ihrer Seite. Was Sie vorhaben, wäre die zweite, richtige Reformation. Mein Wunsch ist noch, die Wandlung möge Platz ergreifen, bevor ich umsteigen muss – ich bin 82 Jahre alt geworden. Meine Frau und ich kommen aus stockkatholischen Familien, aber unsere fünf Kinder haben uns durch Heiraten in neue Probleme gestürzt. Wir müssen in allem umdenken, mit verstehen und sich entwickeln lassen und hoffen, dass Gottes Wege krumm und auch gerade sind. Ich wünsche Ihnen und Rom aus der Depression heraus eine gesunde Erneuerung.

Alles Gute
Ihr Franz Schiefer

Sehr geehrter Herr Schiefer,

Ihr lieber Brief hat mich deswegen besonders gefreut, weil er in meiner Post die große Ausnahme ist. Ich erhalte viele Briefe von jungen Leuten und von Menschen, die in der Mitte ihres Lebens oder in einer schweren Krise stehen. Sie haben das alles schon weit hinter sich und sind dennoch darüber mit Ihren 82 Jahren nicht alt geworden.

Es gehört zwar zur Weisheit des Alters, die Geschehnisse ruhiger und gelassener zu sehen; das bedeutet aber nicht, stehen zu bleiben, nur noch rückwärts zu blicken und in geschönten Erinnerungen zu schwelgen. Sie versuchen, Ihre Kinder zu verstehen, Sie gönnen ihnen eine eigene Entwicklung, auch wenn ich mir vorstellen kann, dass es Sie als Vater manchmal ganz schön schmerzt, wenn Sie die Entscheidungen der Jungen nicht in allen Punkten billigen können. Es ist nicht leicht, Verständnis zu zeigen, zu warten, bis man gefragt wird, zu schweigen, wenn man nicht gefragt ist. Andererseits sollen Sie Ihre eigene Meinung auch nicht verstecken; es ist etwas anderes, ob ich meine Überzeugung äußere oder ob ich sie jemand aufzwingen möchte, unter Umständen durch versteckte oder offene Drohung. Sagen Sie ruhig, was Sie denken, und leben Sie danach, was Sie für richtig halten.

Die geistigseelische Verhärtung ist im Alter ein ähnliches Problem wie im körperlichen Bereich die Arteriosklerose, die unsere Blutgefäße verstopft. Für unsere Seele können wir viel tun, wenn wir an allem Anteil nehmen, was um uns herum geschieht, und uns aktiv damit auseinander setzen. Nicht alles ist gut, was neu ist; nicht alles ist schlecht, was alt ist. Deswegen freue ich mich darüber, dass Sie auch so positiv an der Veränderung der Kirche teilnehmen und sie unterstützen. Bei Ihnen gilt nicht das gefährliche Wort „es war schon immer so“; denn damit wäre jeder Fortschritt blockiert. Gott fordert uns heraus, auf die Fragen unserer Zeit Antworten zu finden. Die Jungen, auch ihre Enkel, werden Ihnen Ihre Beweglichkeit und Ihre Offenheit danken.

Ich danke Ihnen, dass Sie an der Erneuerung der Kirche mithelfen, und grüße auch Ihre Frau herzlich als

Ihr Oliver Maß

Sehr geehrter, lieber Herr Bischof,

Leider verschließen die Oberen ihre Ohren und merken nicht, wie ihnen das Volk davonläuft. Ihre katholische Kirche kommt noch in eine Krise, durch die wir Evangelischen schon ein wenig durch sind. Im Grunde steht bei Ihnen wie bei uns die Jugend fern von der Kirche. Ich hoffe und bete dafür, dass Sie weiter wirken können und dass es Ihnen nicht so geht wie manch anderem Kritiker in der Kirche.

Ich habe guten Kontakt zu vielen katholischen Amtsbrüdern und pflege, so weit es möglich ist, ökumenische Dienste. Gerade aber die Durchführung des Abendmahls ist und bleibt noch ein Skandal, für den auch die meisten katholischen Christen, nicht nur in gemischten Ehen, kein Verständnis haben. Für gute ökumenische Zeichen Ihrerseits wäre ich immer dankbar.

Mit brüderlichen Grüßen
Ihr Karl-Heinz Brosch

Lieber Mitbruder Karl-Heinz,

Von den einst gesteckten Zielen der Wiedervereinigung im Glauben sind wir leider noch weit entfernt. Ich gebe Ihnen recht. Allerdings verstehe ich unter Einheit der Christen nicht einen großen Topf, aus dem alle die gleiche Suppe löffeln müssen. Dafür sind mir die Traditionen der einzelnen christlichen Kirchen und Konfessionen zu wertvoll;

so habe ich beispielsweise von meinen Besuchen bei den Kopten Ägyptens und bei den Jakobiten im türkisch-syrischen Grenzgebiet viele Anregungen mit nach Hause gebracht. Einheit in der Vielfalt der Überlieferung und der Nuancen in den Überzeugungen, das ist es, was ich mir schon bald für uns alle wünsche.

Inzwischen müssen wir uns noch mit der grotesken Situation herumschlagen, dass viele unserer Gemeinden schon weiter sind als die Kirchen. Die Vertreter der Amtskirchen treffen sich zu Gesprächen, geben gemeinsame Erklärungen heraus, machen also einen guten Eindruck in der Öffentlichkeit. Kommt es aber auf entscheidende Schritte an, zum Beispiel in der Abendmahlsfrage, dann gehen sie auf ärgerliche und unverständliche Distanz. Ich bezweifle, ob das gängige Argument, das Abendmahl könne erst dann gemeinsam gefeiert werden, wenn die volle Einheit im Glauben hergestellt sei, dadurch richtiger wird, dass es ständig, vor allem von katholischer Seite, wiederholt wird.

Von einem Katholiken, der die Kommunion empfangen will, erwarten wir auch kein hundertprozentig erfülltes Glaubensbekenntnis; es genügt, wenn er guten Willens unterwegs ist. „Wegzehrung" nennen wir die Eucharistie, wenn sie einem Sterbenden helfen soll, durch das dunkle Tor des Todes hindurchzugehen; diese Wegzehrung zueinander hin hätten wir Christen schon jetzt und gemeinsam bitter nötig, wenn es endlich zur Einheit kommen soll.

Auf diesem Weg geht es, so erstaunlich es ist, immer noch um die Überwindung der Vorurteile, die in Jahrhunderten gewachsen sind. Je mehr sich unsere Gemeinden näher kommen, um so ärgerlicher und hinderlicher sind diese hartnäckigen Vorurteile. Da gibt es noch viel aufzuarbeiten; zum Beispiel, wenn evangelische Christen immer noch der Meinung sind, jedes Wort aus dem Munde des Papstes werde von Katholiken als unfehlbar hingenommen, oder wenn Katholiken fest und steif behaupten, beim Abendmahl „geschehe nichts".

Ich bin der Meinung, dass die Ökumene in erster Linie kein theologisches Problem ist. Sie ist ein menschliches Problem, bei dem uns eine ehrliche Theologie helfen kann. Aber nicht in der Form, dass sie die offenen Schritte der Menschen ganz unten behindern oder verhindern möchte. Es gibt gerade in der Ökumene ein „Lernen durch Tun"; so freue ich mich über jede Gemeinde, die sich nicht nur zum gemeinsamen Gespräch trifft, sondern in gemeinsamen Aktionen bis hin zu gemeinsam gefeierten Gottesdiensten und Eucharistiefeiern zeigt, wie sehr man miteinander auf dem Weg ist. Im Miteinander-Leben und Miteinander-Handeln zerbröseln die Vorurteile; aus Stolpersteinen wird fruchtbarer Boden.

Wie die Geschichte des Christentums begonnen hat, mit kleinen Leuten, so wird auch die Ökumene von den kleinen Leuten weitergeschrieben.

Das ist meine Hoffnung, die ich Ihnen mit brüderlichen Grüßen weitergeben wollte.

Ihr Oliver Maß

Lieber Kleiner Bischof,

wir sind Ihnen bei Ihrem Vortrag bei uns „auf die Schliche gekommen". Es ist nicht Ihre vermeintliche Fortschrittlichkeit, die die Menschen in Ihren Bann und zum Gottesdienst zieht. Sie leben Ihren Glauben so überzeugend und mit Begeisterung, dass die Funken überspringen. Wir haben also ein paar Funken mit nach Hause genommen und möchten uns bei Ihnen dafür bedanken.

In herzlicher Verbundenheit
Ihre Ilse und Arno Lukra

Liebe Familie Lukra,

Bei der Anrede überlegte ich, ob Sie wohl Kinder haben? Ich vermute ja. Denn, wenn Sie mir „auf die Schliche gekommen" sind, dann haben Sie sich – so denke ich – das Gespür von Kindern bewahrt, die meist spontan zwischen richtig und falsch, zwischen gemacht und erlebt unterscheiden können.

Was uns in der Kirche, zum Beispiel bei unseren Gottesdiensten, fehlt, das sind oft nur Kleinigkeiten. Wenn wir einem die schwere Kirchentüre aufhalten oder einander in der Bank begrüßen; wenn der Friedensgruß nicht ein leeres Ritual bleibt, weil wir uns dazu ein persönliches Wort sagen; wenn wir nicht gleich ungeduldig werden, weil vor uns ein Kind quengelt, und, und ... Alles Kleinigkeiten, die letztlich nichts kosten, die aber um uns ein Klima entstehen lassen, das etwas von der Wärme und der Zuwendung Jesu zu uns Menschen spüren lässt. Mit einem menschlicheren Gottesdienst werden auch wir menschlicher.

Deswegen freue ich mich, dass bei unserer Begegnung neulich „der Funke übergesprungen" ist. Aber wie das so mit den Funken ist, sie verglühen sehr schnell, wenn sie keine Nahrung bekommen und zur Flamme werden können. Romano Guardini – die Gedanken des großen Theologen schätze ich sehr – hat einmal geschrieben: „So wie eine Kerze an der Flamme einer anderen angezündet wird, so entfacht sich Glaube an Glauben. So ist der Mensch dem Menschen Weg zu Gott."

Ich danke Ihnen für den Brief und die Ermutigung.

Ihr Oliver Maß

Sehr geehrter Herr,

Ich kann Sie leider nicht als Bischof anreden, denn Sie beschmutzen Ihren eigenen Beruf; Sie machen in Ihrem Bistum die Priester, die enthaltsam leben, zum Gespött der Welt.

Wenn Sie sagen „Gott sei eher in den Fingerspitzen und im Bauch zu erfahren als im Kopf und im Verstand", dann haben Sie in einem recht: Für den Deutschen existieren nur noch das Gehirn und der Bauch. Ein Herz, nämlich die Mitte der Liebe, gibt es kaum noch. Unter Freiheit versteht man Freizügigkeit, Liebe wird mit Sex verwechselt. Schulkinder haben schon Geschlechtsverkehr. In einem Land, wo tausende Väter ihre Kinder missbrauchen, wo Ehebruch schon lange keine Sünde mehr ist, sondern die sitzen gebliebene Ehefrau ist die Dumme, in diesem Land hat uns der Heilige Vater noch viel zu sagen. Nämlich, dass Enthaltsamkeit gut ist und zur Liebe führt und nicht zur Verkrampfung, wie es die Psychiater lehren wollen. Sich mit der Welt anbiedern, wie Sie es machen, kommt dem Satan sehr gelegen.

Ich bin jedenfalls froh, dass es noch den Papst gibt, der die gesunde katholische Lehre verkündet, sei es gelegen oder ungelegen.

Ich bin sicher, keine Antwort von Ihnen zu bekommen.

Hochachtungsvoll
Theodora Wilhelm

Sehr geehrte Frau Wilhelm,

Es bleibt ein Geheimnis, warum Menschen, die sich besonders und mit vielen Opfern und Verzichten um ihr Christsein mühen, so unduldsam und so unerbittlich sind, wenn es um ein bisschen mehr Verständnis für die Überzeugungen oder die Lebensart anderer geht. Vielleicht liegt ein Teil der Antwort darin, dass sie nicht verstehen können oder wollen, wie sehr unsere Gesellschaft und mit ihr die ganze Kirche in einer Situation des Übergangs sind.

Wer die Geborgenheit der Traditionen verlassen soll, weil das Dach undicht und das ganze Gemäuer baufällig geworden ist, hat zunächst Angst. Ich habe dafür viel Verständnis, weil ich selber ein Mensch bin, der sich gerne festhält und der die Geborgenheit schätzt.

Aber es nützt nichts, die Augen zu verschließen. Ein kranker Mensch wird nicht dadurch geheilt, dass er sich einreden lässt oder sich selber vormacht, er sei gesund. Er muss den Kampf gegen seine Erkrankung aufnehmen mit den Mitteln, die ihm zur Verfügung stehen. Das gilt auch für die Kirche. Das ängstliche Festhalten an Restbeständen kirchlicher Strukturen macht krank. Viele Oasen, in die wir uns früher zurückziehen konnten, haben kein Wasser mehr; unsere Schützengräben und Bunker, in die wir uns flüchten konnten, taugen nichts mehr. Es ist Zeit, dass wir wieder aufbrechen, dann wird Gott sein Volk begleiten. Denn, so lehrt es uns die Schrift, Gott ist mit denen, die unterwegs bleiben; nicht umsonst wurde das Christentum auch als der „neue Weg“ bezeichnet.

Die Zustände, die Sie beklagen, sind nicht in erster Linie Taten finsterer Mächte, sie sind zunächst auch kein Schwund von Christlichkeit und Glauben; sie sind darin begründet, dass wir dem Menschen seine Verantwortung vor Gott weggenommen haben. Wenn darüber hinaus jene

Haltungen und Grundlagen, die früher als typisch christlich bezeichnet wurden und es gar nicht waren, verschwinden, dann ist das kein Schaden, auch wenn sie uns noch so lieb waren.

Es ist gleich, wo wir die Liebe ansiedeln, in unserem Bauch oder in unserem Herzen, sie muss der bestimmende Teil unseres Denkens und Handelns sein. Erst dann wird die Kirche, erst dann werden wir, die Christen, zur dringend nötigen Alternative in unserer Welt.

Alternative heißt für uns durchaus anders sein, als es unsere Gesellschaft und die öffentliche Meinung vorgibt: Das bedeutet, dass uns der Wind künftig ganz schön ins Gesicht wehen wird, wenn der Staat nicht mehr unsere Überzeugungen schützt. Dann nützt es aber gar nichts, von den guten alten Zeiten zu schwärmen, sondern glaubhafte Antworten für heute zu finden.

Das genau möchte ich versuchen,
am liebsten mit Ihnen zusammen.
Ihr Oliver Maß

Sehr verehrter Kleiner Bischof,

Ihre Predigten habe ich mit Heißhunger verschlungen; in ihnen leuchtet für alle an der Kirche leidenden und von ihr geschädigten Menschen ein Licht auf, das trotz der augenblicklichen Verdunkelung des Evangeliums durch kirchliche „Apparatschiks“ Anlass zur Hoffnung gibt.

Meine Erfahrungen mit Kirche und kirchlichem Arbeitgeber – ich bin Lehrer an einer katholischen Schule – lassen mich in Zeiten der Resignation wünschen, nie diesem blutleeren Verwaltungsriesen begegnet zu sein. Wenn ich mein Geld beim Staat verdienen könnte, wäre ich mit wehenden Fahnen übergewechselt, denn wie schrieb mir der Generalvikar: „Es lohnt sich nicht, dass wir uns mit Ihrem Fall beschäftigen.“

Wo ein Bischof ist, da bin ich nicht mehr. Wenn die Zeit für Bischöfe wie Sie gekommen ist, singe ich ein Halleluja und suche ihre Nähe.

In großer Dankbarkeit
Ihr Peter Berger

Lieber Peter Berger,

Es ist ein Kreuz mit den Institutionen, gleichgültig, ob sich dahinter das Finanzamt, die Gewerkschaft, ein Arbeitgeberverband – oder die Kirche verbirgt. Institutionen sind lieblos. Das ist es, was uns, was auch den Menschen, die im Dienst dieser bürokratischen Einrichtungen stehen, zu schaffen macht.

Es ist mir ein Rätsel, warum auch die kirchliche Bürokratie so negativ auf Menschen einwirken kann, dass der andere zu einem „Fall“ wird, mit dem es sich nicht zu beschäftigen lohnt. Vielleicht liegt es daran, dass Spielregeln, Ordnungen und Gesetze so mächtig werden, dass sich vor allem schwache Menschen dahinter verstecken können. Sie tun dann „nur ihre Pflicht“, wie sie sagen, und brauchen keine Verantwortung zu übernehmen.

Ich bin sicher: Wenn Jesus eine Kirche gewollt hat, *so* hat er sie nicht gewollt. Ich erinnere nur an sein Wort: „Bei euch soll es nicht so sein, sondern wer bei euch groß sein will, der soll euer Diener sein ...“ (Mt 20, 26). Auf ihn kann sich niemand berufen, der sein Amt und die Macht, die ihm das Amt gibt, missbraucht.

Das alles mag für Sie kein Trost sein. Andererseits kann Ihnen das Jesuswort aber auch helfen, die Geister zu unterscheiden – unter den Bischöfen, den Priestern und allen, die besondere Verantwortung tragen. Die Zeit für eine Wandlung zum Besseren ist allemal reif. Wir müssen durch eigene Änderung dazu beitragen. Lassen Sie sich trotz aller verständlichen Enttäuschungen nicht verbittern, denn Bitterkeit macht uns ungerecht. Wir reagieren dann so wie jene, die wir angreifen. Was unterscheidet uns dann noch von ihnen? Lassen Sie es also nicht zu, dass das Böse in der Kirche, dem Sie begegnen, Sie selber böse macht.

Ich wünsche Ihnen einen Menschen an Ihrer Seite, der Ihnen hilft, die bitteren Erfahrungen zu überwinden.

Ihr Oliver Maß

Sehr geehrter Herr Bischof,

Wenn Sie mir antworten sollten, dann denken Sie daran, dass ich kein Christ bin (und auch sonst kein „Gläubiger“) und dass ich von Christen und Moslems und Hindus und Anthroposophen denselben Respekt vor meinen Positionen abverlange, den ich auch ihnen gewähre. Ich kenne übrigens einen – ehemaligen – katholischen Priester, den ich sehr schätze und dem ich Freund sein könnte. Er leidet an einem Gehirntumor und wird nicht mehr lange zu leben haben. Aber auch er ist mir zu sehr Asket. Ich bin dabei, zu beweisen, dass „Gott“ in die Kulturwelt eingetreten ist als katastrophenverursachender Kometen-Planet Jupiter, der aber schon vor 3 000 Jahren „seinen“ Platz hoch oben am Himmel eingenommen hat. Aber das ist eine Geschichte, die Sie nicht interessieren dürfte.

Ich wünsche Ihnen ein schönes Leben.

Tschüss. Benni

Lieber Benni,

Für deinen Brief danke ich Dir sehr. Respekt und Toleranz gehören ganz wesentlich zum Christsein, wie ich es verstehe. Ein großer Theologe hat das noch positiver formuliert, wenn er schreibt: „Ich möchte ein Mensch sein, der frei ist und hoffen kann, der begreift und lebt, dass er selbst seiner Freiheit anvertraut ist, die durch sein Leben hindurch sich selbst vollzieht und endgültig das aus ihm macht, was als der Entwurf eines Menschen ihm vorgegeben ist: ein Mensch der Treue, der Liebe, der Verantwortung."

Treue, Liebe und Verantwortung müssen uns kennzeichnen, wenn wir unser Menschsein zum Nutzen aller verwirklichen wollen. Wie du dem Menschen beistehst, dessen Leben in die entscheidende Phase getreten ist, wie du bereit bist, ihn in seiner Lebensangst und Todesnot zu begleiten, entscheidet auch über dein eigenes Menschsein. Es sind ja nicht die großen Worte über Gott und die Welt, die uns auszeichnen, sondern das, was wir in Treue, Liebe und Verantwortung auf uns zu nehmen bereit sind.

Es gehört zur Grundaussage des Christentums, dass wir Gott nicht im Himmel oder am Himmel suchen müssen; wir finden ihn im Menschen. Deswegen beurteile ich den Wert einer Religion an ihrer Menschlichkeit. Je menschlicher eine Religion ist, desto stärker lässt sie Gott erkennen. Wir nehmen Gott nichts weg, wenn wir uns um den Menschen sorgen. Jesus ist für mich das lebendige Beispiel dafür. Er ist auch mein einziger „Beweis" für Gott.

Andererseits, auch das bekenne ich, gibt es in meinem Leben auch den Protest gegen Gott, vor allem dann, wenn das Leid als Mittel zum Heil ausgegeben wird. Du sprichst vom Leid eines Menschen, der dir Freund sein könnte. Ich bitte dich, stehe ihm bei, gerade wenn es bei ihm um die Frage nach dem Sinn von Schmerzen, Leid und Tod gehen wird. Für mich ist das Leid so unbegreiflich wie Gott selbst. Deswegen protestiere ich gegen Gott, wenn ich gegen das Leid protestiere; und ich hoffe sehr, dass Gott mich noch in diesem Protest verstehen wird.

Für meinen Einspruch brauche ich einen Gott, der sich nicht hinter Jupiter, Saturn oder Mars verbirgt, sondern einen, den ich greifen und verantwortlich machen kann. Da fällt mein Blick wieder auf Jesus, der sich für uns angreifbar und verletzlich gemacht hat und selber den Weg des Leides und des Todes gegangen ist.

Vielleicht könnten wir einmal, jeder an seinem Platz und auf diese Weise einander verbunden, das Segenswort füreinander und für die ganze Welt sprechen, das ich dir beilege. Ich hoffe, wieder von dir zu hören.

Gesegnet sollen sein
im Namen des Friedens, der aus Gott ist,
die Völker aller Rassen,
die Menschen aller Länder.
Gesegnet sollen sein
Himmel und Erde,
Wolf und Lamm, Falke und Taube,
die ganze Schöpfung.

Gesegnet sollen sein
Freund und Feind,
damit sie Brüder und Schwestern werden.

Gesegnet sollen sein
Schwarze und Weiße,
Menschen aus Ost und West,
aus dem reichen Norden und dem armen Süden,
damit sie Frieden und Freundschaft schließen
ein für alle Mal.

Gesegnet sollen sein
Christen und Atheisten, Muslime und Hindus,
Juden und Heiden, damit sie eins werden in Gott.

Gesegnet sollen sein
die Unwissenden und die Weisen
und alle, die Gott über sich anerkennen.

Gott segne alle,
und sie sollen Segen sein für die Welt
und für die Menschen unserer Erde.
Der Friede Gottes sei mit uns allen. Amen.

Dein Oliver Maß

Lieber Herr Bischof,

Es war für mich nicht leicht, Ihnen zu schreiben. Ich bin vor 25 Jahren in die Kongregation eingetreten. Ich gehe nicht mit Scheuklappen umher, sondern mit offenen und auch kritischen Augen. Als ich ins Kloster ging, geschah das mit dem vollen Bewusstsein, das Richtige zu tun. Aber meine Grundfesten gerieten mehr und mehr ins Wanken. Ich frage mich, ist das alles noch richtig, was man uns da einredet? Die einen haben alle Freiheiten, die anderen unterliegen Zwängen; man hat Angst, Mensch zu sein. Ich lebe bei uns im Haus wie in einem Gefängnis. Manchmal denke ich, du kannst nicht mehr, höre doch auf.

Sie brauchen mir keine Antwort geben, weil Sie mir doch nicht helfen können; ich muss das selber tragen oder entscheiden. Aber ich habe keinen Menschen, dem ich meine Not klagen könnte.

Ich bleibe Ihnen im Gebet verbunden
Ihre Schwester Theresia W.

Liebe Mitschwester im Glauben,

Es ist schön, jemanden als Schwester oder Bruder anreden zu können. Geschwister sind ja nicht nur durch die gemeinsamen Bande des Blutes einander verbunden, sondern durch eine Fülle von gemeinsamen Erfahrungen, auf die man in guten wie in schweren Zeiten (hoffentlich) zurückgreifen kann. Gerade ein Mensch, der mir im Glauben verbunden ist, ist auch der Mensch, dem ich meine Not klagen kann.

Wenn wir einander Schwestern und Brüder im Glauben sind, dann können wir uns auf das Evangelium Jesu besinnen. Es hilft uns, die richtigen Entscheidungen zu treffen. Sie haben „Angst, Mensch zu sein“, so schreiben Sie. Das ist ein Signal dafür, dass Sie in Ihrer Gemeinschaft nicht wirklich leben können. Es ist zu fragen, woran das liegt. Liegt es an der Kongregation, an den Regeln und Bestimmungen der Gemeinschaft, oder liegt es an den Menschen in Ihrem Kloster, die Ihnen die Luft zum Atmen wegnehmen?

Dann könnte es sein, dass Sie sich für eine Gemeinschaft entschieden haben, die nicht für Sie bestimmt war; oder, dass Sie einen Weg finden müssen, den Sie mit den anderen Frauen im Kloster gehen können.

Ihnen, liebe Schwester, ist mit einer Rundumkritik an unseren klösterlichen Einrichtungen nicht gedient; das wäre auch nicht ehrlich. Aber eines fehlt sicher weithin in der klösterlichen Spiritualität: der Mut. Er ist nicht gefragt; er ist nicht eingeübt worden.

Mut, das hat etwas zu tun mit Wagnis und Risiko, mit Unsicherheit, mit der Gefahr, Fehler zu machen, und mit Entscheidung. Das bedeutet, dass in unserem Leben nicht alles kalkuliert und vorausberechnet werden kann. Deswegen fordert der Mut uns ganz und gar heraus, so ging es beispielsweise den Jüngern Jesu. Sie wurden in eine neue, offene und freie Welt herausgeholt; da gab es zunächst einmal keinerlei Sicherheit als nur mutiges Vertrauen.

Jesus hat seine Jünger nicht eingesperrt; er ist den Frauen, die ihn begleiteten, nicht misstrauisch begegnet. Deswegen frage ich mich mit Ihnen, warum das in unseren Klöstern sein muss?

Letztlich baut unser Mut auf Gott. Diesem Gott stellen wir dann auch die Frage, zu welchen Entscheidungen willst du mich durch die Situation, in der ich lebe, führen? In welche Richtung soll mich meine mutige Konsequenz führen? Zum Bleiben? Zum Gehen?

Ich bitte Sie – ich hoffe ja, wieder von Ihnen zu hören – dieses zu bedenken: Mut, das kann auch heißen in Treue auszuhalten; mit Zähigkeit und Tapferkeit Veränderungen anzustoßen; Leid zu tragen und zu teilen, wenn es nicht zu ändern ist; anderen zu einer Entscheidung zu helfen, wenn man es für sich selber nicht mehr kann.

Inzwischen bleibe ich Ihnen herzlich verbunden als

Ihr Oliver Maß

Sehr geehrter Herr Bischof,

leider sind Sie für mich nicht zuständig. Ich bin fast 60 Jahre alt und habe seit meiner Scheidung vor über 20 Jahren mit der katholischen Kirche versucht, für mein Problem eine für mich akzeptable Lösung zu finden. Bisher aber leider ohne Erfolg. Ich weiß zwar als Katholik und regelmäßiger Kirchgänger, dass man bei einer Scheidung von den Sakramenten ausgeschlossen ist.

Zwei Jahrzehnte bin ich mit einer evangelischen Christin standesamtlich verheiratet. Sie hat, als Witwe, drei Kinder mit in die Ehe gebracht. Ich selber habe einen Sohn. Die Kinder verstehen sich prächtig.

Mein Problem ist dieses: Ich selbst möchte zu den Sakramenten wieder zugelassen werden, und wir, meine Frau und ich, hätten den Wunsch nach einer kirchlichen Trauung. Von der evangelischen Seite her gäbe es keine Schwierigkeiten für eine kirchliche Trauung.

Es wäre mir und vielen Menschen geholfen, wenn die Kirche ihre Gesetze ändern würde.

Ihr Stephan Zink

Sehr geehrter Herr Zink,

Ihre Erwartungen kann ich sehr gut verstehen. Sie möchten nach dem Scheitern Ihrer ersten Ehe vor mehr als 20 Jahren die jetzt bestehende Lebensgemeinschaft „in Ordnung haben". Sie möchten, so wie früher, zusammen mit Ihrer Frau, einen selbstverständlichen Platz in der Kirche haben. Diese Gemeinschaft darf Ihnen niemand verweigern; verantwortliche Seelsorger sind bereit, Ihnen dabei zu helfen.

In vielen Gesprächen mit Menschen, die an ihrer Partnerschaft gescheitert waren, habe ich erstaunlicherweise deren Überzeugung festgestellt, dass sie die Ehe grundsätzlich als endgültig und unauflöslich betrachten; damit treffen sich viele Paare mit dem Willen Jesu. Zugleich aber fragen sie, warum gewährt die Kirche, wenn die Ehe zerbrochen ist, weder Versöhnung noch Neuanfang? Ist das nicht auch der Wille Jesu?

Die junge Kirche der ersten und zweiten nachchristlichen Generation sah sich berechtigt, die Weisungen Jesu weiterzuführen und so auf neue Fragen neue Antworten in seinem Geist zu finden. Es geht ja nicht nur um Jesu Wort, das uns ganz ausdrücklich im Evangelium begegnet; es geht auch um seine Zuwendung zum betroffenen Menschen. Auch die wird in zarten und doch eindringlichen Farben im Evangelium beschrieben. So kompromisslos Jesus in seiner Botschaft war, so eindeutig er alles, was er lehrt, auf das kommende Reich Gottes ausrichtet, so sehr bleibt er den Menschen in ihrer Not zugewandt. Er löst ihre Fesseln mit einem Wort. Er befreit sie mit einem Blick. Er richtet sie neu auf mit einer einzigen Geste.

Ich möchte Ihnen und Ihrer Frau Mut machen, einem Seelsorger Ihr Anliegen vorzutragen. Wenn der meint, Ihnen nicht helfen zu können, dann schreiben Sie mir bitte noch einmal. Ich helfe Ihnen dann gerne weiter und grüße Sie als

Ihr Oliver Maß

Sehr geehrter, lieber Herr Bischof,

... ein besserer Papst, ein besserer Bischof, ein besserer Pfarrer ... ich halte nichts davon, darauf zu hoffen. Sinnvoller scheint es mir, sich über die Strukturen Gedanken zu machen und für ihre Veränderung zu kämpfen, wenn man schon jene Kirche reformieren will. Dies freilich wagen auch Sie nicht. Jedenfalls kann ich nicht feststellen, dass Sie auch nur ein einziges Struktürchen verändert haben. Sie versuchen sich in einer menschlicheren Pastoral, während Ihr Nachfolger innerhalb kürzester Zeit das Rad zurückdrehen wird.

Diese Gedanken wollte ich Ihnen als einer mitteilen, der nicht mehr auf eine freiwillige und selbstheilende Veränderung warten mochte.

Nichts für ungut.

Ihr Markus Kreis,
ehemaliger katholischer Priester

Lieber Markus Kreis,

eine menschlichere Pastoral halte ich durchaus für einen gangbaren Weg, Strukturen in der Kirche, die unmenschlich sind, zu verändern; nicht gewaltsam, sondern eher „zärtlich“, im Sinne einer Wandlung, oder wie es der Befreiungstheologe Leonardo Boff durch einen Buchtitel sagt: Mit „Zärtlichkeit und Kraft“.

Und doch gebe ich Ihnen recht: Ein besserer Papst, ein besserer Bischof, ein besserer Pfarrer ... damit allein ist noch nichts gewonnen. Aber mit „besseren Menschen" gelingt es uns, das alte Modell von Kirche, das vom letzten Konzil zerbrochen wurde, jetzt endlich auch praktisch zu überwinden. Ein hierarchischer Führungsstil in Verbindung mit einer unbeweglichen kirchlichen Bürokratie ist geradezu „kontraproduktiv", steht also dem Evangelium und seiner glaubwürdigen Verkündigung im Wege. Sie haben recht: Diese Negativstruktur muss verändert werden.

Also machen wir uns auf die Suche nach angemessenen Strukturen; dabei müssen wir wissen, dass ein hierarchischer Zentralismus ein wenig lernfähiges System ist, wie – und darüber ärgern sich viele vergeblich – die Verwaltungskirche eine lieblose Institution. Deswegen sollten wir von vorneherein nicht allzu sehr auf deren Lern- oder Liebesfähigkeit setzen, wir belasten die Menschen in diesen Strukturen und uns nur zu sehr. Ich bin z.B. davon überzeugt, dass manche hartherzige Reaktion kirchlicher Männer (oder Frauen) gar nicht so gemeint ist, sondern zum System passt; also muss das System geändert werden. Wir reden viel zu wenig miteinander. Wir reden vor allem gegeneinander oder übereinander.

Ich bin der Überzeugung, dass das Rad nicht mehr zurückgedreht werden kann, wenn einmal das Evangelium Jesu unsere Strukturen bestimmt. Diese neuen, alten Strukturen lassen sich für mich in wenigen eindrucksvollen Sätzen Jesu, ich führe sie nicht vollständig auf, umschreiben:

1. Unter euch soll es nicht so sein wie bei den Machthabern dieser Welt. 2. Wer bei euch der erste sein will, soll der Diener aller sein. 3. Leistet dem Bösen keinen Widerstand. 4. Was ihr einem der Geringsten getan oder nicht getan habt, habt ihr Gott getan oder nicht getan.

Schon ein Bemühen um die Verwirklichung dieser Sätze bringt eine selbstheilende Veränderung in Gang. Des bin ich sicher.

Alles Liebe
Ihr Oliver Maß

Sehr geehrter Bischof,

Ich weiß nicht, ob Sie das für gut halten. Ich bin 20 Jahre alt und der Sohn eines Priesters. Wenige Wochen nach meiner Geburt wurde der Kaplan versetzt und ist jetzt Dekan. Ich habe nie etwas von meinem Vater gehabt, er hat sich nie um mich gekümmert, er hat uns nie besucht. Ich verfolge seine Tätigkeit aus der Ferne, und jedes Mal packt mich eine Mordswut, wenn ich etwas von ihm höre oder lese. Er hat meine Mutter im Stich gelassen; sie wollte nicht einmal, dass er für mich Unterhalt zahlte. Der Kaplan war ihre große Liebe, und sie liebt diesen Menschen immer noch. Lange Zeit wusste ich nicht, wer mein Vater war. Erst nach meinem 16. Geburtstag hat es mir meine Mutter gestanden, und ich musste ihr hoch und heilig versprechen, davon keinen Gebrauch zu machen.

Ich komme mir ganz einfach verraten und betrogen vor; die ganze Heimlichtuerei stinkt mir. Manchmal, im Kreis meiner Freunde, ich bin Fußballer, möchte ich laut hinausschreien, wer mein Vater ist; alle sollen es wissen, wie der Mann der Kirche meine Mutter und mich betrogen hat, weil er zu feige war, sich zu uns zu bekennen. Dann wieder, vor allem wenn sie ihre Witze über die Pfarrer und den Zölibat machen, werde ich todtraurig und denke an meine Mutter und an all das, was sie mitgemacht hat.

Was soll ich denn tun? Was kann ich denn tun?

Ihr Oliver Beck

PS: Zufällig habe ich den gleichen Vornamen wie Sie; das war auch der Auslöser, warum ich mich getraut habe, Ihnen zu schreiben. Antworten Sie bitte ohne Absenderangabe. Meine Mutter braucht es nicht zu wissen, dass ich Ihnen geschrieben habe.

Lieber Oliver,

Ich möchte dich am liebsten in die Arme nehmen und mich bei dir und deiner Mutter für das Leid und das Unrecht entschuldigen, das euch angetan wurde. Ich bin mit euch beiden sehr traurig. Traurig über eine Kirche, die als einziges und wichtigstes Gebot von Jesus das Gebot der Liebe bekam und sich so lieblos und unmenschlich gezeigt hat. Traurig auch über einen Priester, der nicht die Kraft hatte, zu deiner Mutter und zu seinem Sohn zu stehen.

Vielleicht ist dein Zorn auf deinen Vater noch so groß, dass du dich nicht in seine Lage versetzen kannst. Ich will ihn nicht entschuldigen; das muss er selber tun. Aber ich möchte dich um ein wenig Verständnis dafür bitten, dass auch er ein Opfer ist. Das Opfer eines lieblosen Systems, das mit vielen Mitteln versucht hat, das zu verdrängen und totzuschweigen, was „nicht sein kann, weil es nicht sein darf". Denn der Zölibat, die Verpflichtung des katholischen Priesters zur Ehelosigkeit, wurde nicht nur aus lauteren Motiven durchgesetzt. Da war auch Politik mit im Spiel, wie so oft; vor allem aber eine unselige Sexualfeindlichkeit, die ihre schlimmen Folgen noch in unsere Zeit hineinwirft. Der verheiratete Pfarrer, so wurde behauptet, sei wegen seiner sexuellen Beziehungen unfähig und unwürdig für die tägliche Feier der Eucharistie.

Das ist nicht die Botschaft, die Jesus verkündigt hat, das ist auch nicht die Kirche, wie Jesus sie gewollt hat. Ich könnte dir noch vieles schreiben über die wechselvolle, auch leidvolle Geschichte des Zölibats; über das Unglück, das durch eine unnötige Härte und Unerbittlichkeit über Menschen gekommen ist und ihr Leben so schwer gemacht hat. Es würde dir nichts helfen. Es hilft dir auch nichts, wenn ich dir sage, dass ich mir eine christliche Gemeinde wünsche, die einander tragen und teilen hilft, was es an menschlichen Nöten und Versagen unter uns gibt, die auch das Versagen ihrer Priester mitträgt.

Dein Vater hat die Liebe zu seinem Beruf und zu seiner Aufgabe der Liebe zu deiner Mutter vorgezogen. Das müsste nicht sein. Ich wünsche mir zwar unverheiratete Priester als Antwort auf eine persönliche Berufung; ich bin mir zugleich aber sicher, dass Gott für seine Kirche auch den verheirateten Priester will. Vielleicht hat er uns in den erschreckenden Mangel hineingeführt, damit wir endlich seinen Willen erkennen können. Für mich hat der Zölibat nur dann einen Sinn, wenn er wirklich eine freie Entscheidung war und wenn durch die Ehelosigkeit die Liebe zu Gott auf eine glaubwürdige und überzeugende Weise gelebt wird. Dann wird mit der Ehelosigkeit auch gezeigt, dass unsere Welt nicht alles ist, weil es ein ewiges Leben gibt.

In diesem Leben ist es noch Zeit, dass sich für euch beide, für deinen Vater und dich, ein Tor der Versöhnung auftut. Jeder Tag ist kostbar; deswegen nützt die Zeit, die euch bleibt. Wenn du die Kraft dazu hast, dann schreib ihm einen Brief mit all deiner Wut, deiner Verbitterung und deiner Enttäuschung; aber gib deinem Vater auch ein Zeichen, dass du ihn verstehen willst. Seine Gründe müssen nicht deine Gründe sein.

Glücklicherweise begegnet uns Gott nicht nur unter dem Siegel der Gerechtigkeit; wir erfahren ihn eher in barmherziger Zuwendung, so wie es uns das Gleichnis vom „barmherzigen Vater“ erzählt. Lies einmal die Stelle bei Lukas (ab 15, 11) nach; vielleicht kannst du die Geschichte auf den Kopf stellen und für euer beider Leben als Gleichnis vom barmherzigen Sohn neu schreiben.

Bitte, lass es mich wissen, wenn ich zwischen dir und deinem Vater vermitteln soll. Ich helfe dir gerne.

Dir verbunden als dein
Oliver Maß

*„Der kleine Bischof ist für mich
wie der kleine Prinz von Exupéry.
Obwohl ich weiß,
dass beide Gestalten nicht existieren,
geht von ihrer Unschuld
und von ihrer Zartheit eine Kraft aus,
die mein Leben bestätigt
und meiner Vision
von einem gewaltfreien Leben
weiterhilft."*

Stefan Berger

Ein Glaube aus Fleisch und Blut

Predigten

Der kleine Bischof richtet sein Wort an sehr unterschiedliche Gruppen zu den verschiedensten Gelegenheiten und nimmt vor allem zu persönlichen Problemen Stellung. Immer steht aber das Evangelium Jesu, die Frohe Botschaft für alle Menschen in der Mitte seiner Ausführungen.

Diese Dokumentation verdanken wir dem Fleiß des Bischofs, der jede Ansprache Wort für Wort ausarbeitet, in der Praxis aber auf spontane Äußerungen nicht verzichtet. Auf die Frage eines Zuhörers, warum er alles schriftlich niederlege und nicht lieber auf die Eingebungen des Gottesgeistes vertraue, antwortete Bischof Oliver einmal vor Ärzten: „Weil ich über jede Minute, die ich meinen Zuhörern wegen schlechter Vorbereitung oder durch Unverbindlichkeiten wegnehme, Rechenschaft ablegen muss. Übrigens habe ich schon bei der Ausarbeitung meiner Gedanken und bei der Auslegung des Evangeliums die Zuhörer nicht nur auf dem Papier, sondern in meinem Herzen."

Die Sätze aus dem Tagebuch des Bischofs, sie finden sich nach jeder Predigt, lassen einen Blick in das Innenleben von Oliver Maß werfen. Der Bischof begleitet sich und sein Tun kritisch und offen.

Das Leben hat Sinn

Predigt vor jungen Erwachsenen

Als ich noch Pfarrer war, wurde ich um die Beerdigung eines Zwanzigjährigen gebeten, der sich von einer Autobahnbrücke herab in den Tod gestürzt hatte. In seiner Jackentasche fanden sich zwei Zettel. Auf dem einen stand, dass er von mir bestattet werden wollte, weil es in unseren Gottesdiensten immer so „menschlich" zugegangen sei. Auf dem anderen: „Ich habe alles gehabt, was das Leben zu bieten hatte. Ich weiß nicht, wozu ich noch weiterleben soll. Das Leben hat für mich keinen Sinn mehr ..."

Hatte der junge Mann wirklich alles gehabt? Diese Frage ließ mich vor und nach seiner Beerdigung nicht mehr zur Ruhe kommen. Ich stellte sie auch den vielen Freunden des Toten, die zur Trauerfeier in das kleine Dorf gekommen waren. Hatte Jonny, wir wollen ihn einmal so nennen, wirklich alles gehabt, was uns das Leben, was uns Gott schenken wollte? Vor allem, hatte er in der Zeit seines Lebens diesen Gott gefunden?

Ist das Wenige wirklich alles?

Früher galt ein Wort: Wer am Anfang des Lebens ist, dem steht die Welt offen. Auf den ersten Blick sieht das auch so aus. Das Leben ist voller Kraft und Saft, es gibt viele berufliche Möglichkeiten, die Tore der Liebe sind weit geöffnet. Die Zeit reicht gar nicht aus, um all die Angebote anzunehmen und auszuleben. Möglichst viel und alles und zwar sofort haben, das scheinen die Ziele eines jungen Lebens zu sein: Geld verdienen, Lust haben. Aber Brot und Sex stillen unsere tiefsten Bedürfnisse nicht. Sinn erhält unser Leben dort, wo wir einem anderen Menschen etwas bedeuten, wo wir glauben können, dass wir Gott etwas bedeuten.

Zunächst zeigen sich uns die menschlichen Katastrophen, die uns den Blick auf den Sinn des Lebens verstellen können. Wir wollen gar nicht darauf eingehen, dass es der Völkergemeinschaft unserer Erde noch immer nicht gelungen ist, Gerechtigkeit und Frieden zu schaffen. Im Gegenteil: Die Spannungen zwischen den reichen Ländern auf der Nordhälfte unserer Erdkugel und dem armen Süden werden immer gefährlicher. Junge Leute erfahren viel früher, so scheint mir, auch das Scheitern. Sie erleben, wie zerbrechlich die Liebe ist, wie unsicher der Arbeitsplatz, wie gefährlich Geld und Macht sind. Enttäuschungen bleiben keinem erspart, der ständige Frust nährt Depressionen, der Alltag zermürbt. Das als sinnlos erfahrene Leid belastet zusätzlich. „Ich fühle mich", sagte mir einer nach der Beerdigungsfeier, „als wäre ich ein Goldhamster im Laufrad. Mir geht es gut, aber ich kann Jonny irgendwie verstehen." Bevor einer so ewig vor sich hinläuft, kann er schon sehr früh auf den Gedanken kommen: das war's dann wohl.

Auch Leid bringt Sinn

Trotz allem. Für mein Leben muss ich bekennen, dass gerade die schweren Stunden, die Einsamkeit und die Traurigkeit, auch die Enttäuschungen ihren Wert gehabt haben. Im Augenblick der Depression wollte ich das nicht wahrhaben. Aber ich bin wirklich einfühlsamer geworden für alles, was hinter den Dingen ist, die da so gewohnheitsmäßig ablaufen. Genauer: Ich habe das Gefühl gerade dort wieder gefunden, wo es mir Schmerzen bereitet hat. Ich werde an Jesus erinnert, der nicht nur aus dem Verstand, sondern auch aus seinen Gefühlen gelebt hat, ein Mensch, der auch „aus dem Bauch heraus" leben konnte und deswegen von den einfachen Menschen so gut verstanden worden ist.

Vor kurzem wurde ich in eine Diskothek gebeten. Ich sollte zur Neueröffnung ein Gebet sprechen. Eigentlich war ich erstaunt über diesen Wunsch und ich ging hin, ein wenig unsicher über das, was mich dort erwartete, auch unsicher darüber, wie ich mich angemessen kleiden sollte. Mir war klar, dass ich da nicht im Full-Dress erscheinen sollte; aber wie weiht man als Bischof einen Jugendtempel der Musik und der Begegnung ein?

Kirche, wo die Leute sind

Ein junger Mann erkannte mich sofort und fragte mich, ob ich darüber traurig sei, dass es hier so viele junge Menschen gebe – die Diskothek fasste über 800 Personen und war bis auf den letzten Platz besetzt – und in den Kirchen so wenig. Ich antwortete ihm: „Die Kirche muss dort sein, wo die jungen Leute sind." Vielleicht gibt es so wenig Glauben unter der jungen Generation, weil die Kirche ganz woanders ist? Andererseits tröstet mich auch das Wort des Augustinus: „Es gehören viele zur Kirche, die nicht zu Gott gehören; und viele gehören zu Gott, die nicht zur Kirche gehören."

Nach dem Gebet und den guten Wünschen blieb ich noch eine Weile. Ich war sprachlos über die phantastischen Musik- und Lichteffekte, über die Laserstrahlen und Duftsprays, die die große Halle füllten. So etwas hatte ich noch nie gesehen; ich vermute, dass all die ungewohnten Effekte auf mich stärker wirkten als auf euch. Ich bekam eine Ahnung von der ganz anderen Welt, in der ihr an Wochenenden (und nicht nur dann) lebt, und ich verglich im Stillen unseren Gottesdienst am Sonntag mit diesen Erlebnissen. Wie muss sich ein junger Mensch fühlen, der sich nach einer nächtlichen Disco-Rallye am Sonntag in die Kirche verirrt? Er muss sich vorkommen, als sei nur noch sein

Verstand gebraucht und seine Gefühle müssten draußen bleiben.

Die gottesdienstlichen Formen, die wir pflegen und die durch eine lange Tradition durchaus eine Bedeutung haben, wurden in Jahrhunderten entwickelt. Viele von euch können damit nichts mehr anfangen. Wir haben es in der Kirche versäumt, mit euch zusammen nach Formen zu suchen, die euer Lebensgefühl aufgreifen und ausdeuten. Dabei geht es gar nicht um eine Konkurrenz zur Disco. Ich bin der Überzeugung, dass das milde Licht einer Kerze auch heute noch seine Bedeutung haben kann, weil es Wärme und damit Menschlichkeit spendet, Ruhe, Besinnung und Einkehr vermittelt und den sehen lässt, der das Licht der Welt genannt wird. Das Kerzenlicht kann bedeutsamer sein als ein Laserstrahl. Aber es muss jemand da sein, der Übersetzungsarbeit leistet. Ich glaube, es ist für euch schwer geworden, Jesus Christus in der Welt zu finden.

Das Leben auskosten, um es ernst zu nehmen

Ich habe in den wenigen Stunden, die ich in der Diskothek zubrachte, auch viel Einsamkeit gesehen; da war ein ständiges Kommen und Gehen, etwas Unstetes, das alle Zeichen einer gefährlichen Vereinzelung der vielen Menschen in sich trug. Ich fragte mich, was würde Jesus diesen jungen Leuten sagen? Würde er hier predigen, oder würde er die Menschen hinausholen in die Einsamkeit eines Berges? Was müsste ich diesen Menschen sagen? Was kann ich euch sagen?

Mir fällt die Geschichte von dem jungen Mann ein, der Jesus begegnete. Er hatte alles, was er wollte; er hielt sich an die Gebote, führte ein gutes Leben. Und doch war er mit sich nicht zufrieden. Er suchte nach dem Sinn seines Lebens. Jesus machte ihm ein Angebot. Der junge Mann im Evangelium schlägt das Angebot aus, weil er für das ganze Glück des Lebens seine Halbheiten nicht loslassen wollte. Er war bereits besetzt; der Virus von Geld und Besitz hatten ihn befallen. Da passte nichts anderes mehr in sein Leben. Obwohl ein junger Mensch, war er bereits uralt. Er hatte alles (vgl. Mt 19, 16ff).

Dabei war Jesus vermutlich der erste Mensch, der ihn voll und ganz ernst nahm. Deswegen auch dieses radikale Angebot, alles weniger Wichtige hinter sich zu lassen. Jesus nimmt jeden von euch ernst. Er macht euch in jedem Fall ein Angebot. Es steht im Johannesevangelium. „Ich bin gekommen, dass sie das Leben haben und es in Fülle haben" (Joh 10, 10). Fragt euch, was ist das Angebot des Jesus für mich?

Ich wünsche euch, dass ihr dieses Leben auskostet. Die Lust eurer jungen Jahre, den Weg der Liebe, die Freude an anderen Menschen, die Dankbarkeit, etwas zu schaffen und zu gestalten, die Bereitschaft mitzutragen und mitzuverantworten, die Fähigkeit zu teilen, auch den Schmerz, die Not, die Trauer. Für dieses „Leben in Fülle" wünsche ich euch den Mut, aus den Gewohnheiten herauszuspringen. Das, was ihr jetzt denkt, plant, sagt, tut, ist längst noch nicht alles. Ihr seid erst am Anfang. Mit eurem Leben. Mit eurer Liebe. Mit eurem Glauben. Mit euren Träumen. Und bedenkt das Entscheidende: Der attraktive Weg Jesu lässt sich nur durch die Umkehr, durch die Bekehrung zum Evangelium finden, durch den Wandel des Denkens, des Fühlens, des Handelns.

Durch dieses Evangelium bekommen wir eine Vision, einen Traum von Leben, das uns durch Tiefen und Höhen führt bis zu jener Reife, in der wir mit Gott ewig leben dürfen. Jesus wurde nicht müde, sich für dieses Leben einzusetzen. Das ist sein Angebot für uns alle. Erst wenn wir das Leben in Fülle haben, haben wir alles. ■

Weil wir alle lernen, kann keiner der Lehrmeister des anderen sein. Aber wir können uns an der Hand nehmen, um miteinander zu begreifen, was das Leben ist und wohin es uns führt.

Der kleine Bischof zu sich, als er zum wiederholten Male aus seiner Zeit als Religonslehrer erzählen wollte

Evangelium ist Leben

Predigt vor Priestern

Für mich ist eine der schönsten Stellen im Evangelium das kurze Gespräch zwischen zwei Jüngern des Johannes und Jesus. Die Jünger folgten dem, den Johannes das Lamm Gottes genannt hatte. „Jesus aber wandte sich um, und als er sah, dass sie ihm folgten, fragte er sie: Was wollt ihr? Sie sagten zu ihm: Rabbi, wo wohnst du? Er antwortete: Kommt und seht“ (Joh 1, 38.39). Die Einladung Jesu an die Jünger ist seine Einladung an uns alle. Wir dürfen den Tag über bei Jesus bleiben, mit ihm zusammen sein, einen Menschen erleben, den Gott gesandt hatte, seine Frohe Botschaft zu verkünden.

Wir sind dazu berufen, diese Gute Nachricht weiterzugeben. Wir sollten darum besorgt sein, dass es eine herzliche Einladung ist und bleibt für alle, die zu Gott unterwegs sind. Jesus setzt keine Bedingungen. Er stellt keine besonderen Forderungen auf, die erst als Vorleistung erbracht werden müssen. Er lädt ganz einfach ein: Kommt und seht. Wer berufen ist, das Evangelium zu verkünden, ist dazu berufen, die Menschen anzunehmen, wie sie sind, und sie sehen zu lassen, was ihnen zum Heile dient. Das Evangelium ist Leben.

Kampf mit den Götzen

Bevor Jesus die Einladung an alle Menschen aussprechen konnte, wurde er vom Feind des Menschen in Versuchung geführt. Matthäus hat uns die drei großen Versuchungen in Bildern vorgeführt. Der Böse wollte Jesus von seinem offenen Weg abbringen und ihn an die Übel unserer Welt binden. Mehr denn je sind wir diesen Versuchungen ausgesetzt, zu unserem Schaden, zum Schaden der Menschen. Jesus hat das Böse in der Einsamkeit der Wüste entlarvt und unschädlich gemacht. Wir haben immer noch mit den drei Götzen in uns zu ringen, dem Götzen des Erfolgs, dem Götzen der Rechthaberei und dem Götzen der Macht. Wir müssen den Kampf mit diesen drei Götzen erst hinter uns gebracht haben, bevor wir das Evangelium einladend verkünden können. Oft wird es noch so sein, dass wir diesem Evangelium eher im Wege stehen als ihm die Wege zu bereiten. Fragen wir uns, ob wird die Botschaft vom Reich Gottes wie eine Gute Nachricht verkünden oder immer noch, wenn auch noch so versteckt und unterschwellig, als Drohbotschaft. Es gibt auf diese Frage eine einfache Antwort: Eine gute Nachricht, die keine Folgen hat, war nichts wert. Hat das Evangelium unter uns Folgen?

Ich beobachte mit großer Sorge, dass wir uns dem Zwang des Erfolgs ausliefern. Ich weiß, dass dieser Zwang schon durch die kirchliche Bürokratie mit ihrer Statistik und anderen Erfolgskontrollen gefördert wird. Viele kommen dabei außer Atem. Sie hetzen von Aktion und Aktion, und die Kontemplation, das Innehalten, das Wachsenlassen, kommt zu kurz. Am Ende sind sie ausgebrannt wie eine nutzlose Raketenstufe, die einsam im Weltall treibt. Wir sind unglaubwürdige Roboter geworden.

Mit gleicher Sorge beobachte ich den Zwang zur Rechthaberei. Der Satz von der „allein selig machenden Kirche" hat sich tief in unseren Charakter eingegraben, so dass wir der Überzeugung sind, nur wenn wir „recht" haben, könnten wir dem Reich Gottes nützlich sein. Zu lange haben wir die Fragen bestimmt, die gestellt werden konnten und die Antworten im gleichen Atemzug mitgeliefert. Setzen wir uns damit nicht über Gottes Gerechtigkeit? Ein gutes Mittel gegen diesen Zwang ist das Zuhörenkönnen. Das Achten auf das, was sich im Kleinen abspielt. Vielleicht ist das auch eine Chance des Priestermangels. Gott zwingt uns vom hohen Priestersitz herunter zu gehen, einige Stufen tiefer, dorthin, wo sich das wirkliche Leben ereignet.

Lebenskreise schaffen

Am tiefsten bin ich betroffen durch den Zwang zur Macht, der unter uns herrscht. Noch immer erfahren die Christen ihren Pfarrer mehr als Pfarr-Herrn, denn als Bruder im Glauben. Es ist eine ungeheurere Versuchung, ein Berufs-Christ zu sein und entsprechend zu leben. Wir meinen, alle Macht, einschließlich der Wandlung von Brot und Wein, zu besitzen. Weil wir Christus buchstäblich in Händen haben, strecken wir uns nicht mehr nach ihm aus, wie es zum Beispiel der Zöllner im Evangelium tut. Die Macht ist eine typisch männliche Versuchung. Unsere Ideale sind Konkurrenzkampf und Kontrolle. Diese Fixierung ist eine gefährliche Lebenslüge. Denn wir behaupten damit: Was gut ist für die Kirche, muss auch gut für Gott sein.

Diese Zwänge machen uns kaputt, sie machen die Absichten Gottes mit uns zunichte. Die Zwänge erbauen eine Pyramide, die ein Mahnmal des Todes ist, aber keine lebendig machende Gemeinschaft stiften kann. Wir werden Opfer der Pyramiden, die nichts als mumifizierte Herrscher bergen. Es belastet uns, ständig an der Spitze sein zu müssen, und wir belasten damit andere. Es gibt viel zu viele Opfer der Zwänge, die erstarren lassen und Sturheit predigen, statt zu befreien. Wir müssen anfangen, uns zu den Lebenskreisen zu bekehren, in denen wahre Gemeinschaft entsteht; Gemeinschaft der Christen mit Jesus, der mitten unter uns allen lebt und wirkt. Durch den Verlust der Weiblichkeit, also der Zärtlichkeit, haben wir uns selbst verloren.

Unter einem unfreien Priester, einer, der sich von den Zwängen leiten lässt, leiden die Gemeinden. Nur auf den ersten Blick sind Erfolg, Macht und Recht probate Mittel um die Gemeinden voranzubringen. Statistisch gesehen mag alles in Ordnung sein, doch wenn wir näher kommen, sehen wir nur die leeren Fassaden. Was über Jahrhunderte funktioniert hat, muss nicht gut gewesen sein. Denken wir nur an den schrecklichen Irrtum des Hexenwahns. In dieser furchtbaren Zeit für die Kirche hatten die Götzen Erfolg, Rechthaberei und Macht die Altäre erobert, sich an die Stelle Gottes gesetzt und unschuldige Menschen vernichtet.

Mir geht die tragische Gestalt des reichen jungen Mannes nicht aus dem Sinn. Nach den Worten des Evangeliums hatte er „alle Gebote gehalten von Jugend an" (Mk 10, 20) und doch reicht das nicht. Jesus erkennt, dass er loslassen müsste, wenn sein Leben wirklich gelingen sollte. Aber gerade diesen entscheidenden Sprung wollte der junge Mann nicht wagen. So ging er traurig weg. Wir könnten auch sagen, er wurde depressiv, weil er sich vom Besitz gefangen halten ließ. Steht uns Priestern, wie vielen Christen, die besitzergreifende Konsumkultur nicht näher als das befreiende Evangelium? Sind wir nicht auch, wie die uns Anvertrauten, infiziert von den Viren Geld, Besitz, Egoismus?

Durch Loslassen befreien

Das Evangelium ist eine Botschaft der Befreiung. Das fangen wir an in schweren Kämpfen von den Kirchen Lateinamerikas zu lernen. Ich hoffe, dass wir uns alle zu dieser Bekehrung entschließen. Die Bekehrung beginnt dort, wo wir anfangen loszulassen. Dann stürzen die Götzen von ihren Sockeln, dann zerbersten die Zwänge. Solange wir das Evangelium zur Kontrolle missbrauchen, verwandeln wir Wein in Wasser, Brot in Steine, machen wir aus Freunden Knechte. Das Evangelium verkündet die Hingabe, so wie der Brunnen, der sein Wasser nicht für sich behält, sich loslässt, sich verströmt und damit erst fruchtbar wird für die ganze Umgebung. Sind wir solche Brunnen oder vertrocknete Zisternen?

Es mag an uns Männern liegen, dass es uns nicht liegt, loszulassen und uns hinzugeben. Wir erwarten das von Frauen. Wir erwarten von Frauen, dass sie machtlos sind, dass sie nachgeben, dass sie erfolglos lieben können. Aber weil die Frauen in der Kirche noch nicht ihren Platz haben, sind diese evangelischen Tugenden unter uns ins Gegenteil verkommen. Wir haben immer noch nicht begriffen, wie (fast alle) Männer im Evangelium. Dort, wo es um die ganz entscheidenden Ereignisse im Leben Jesu geht, um Tod und Auferstehung, haben die Männer nichts verstanden. Das eine und das andere nicht, nicht den Sinn des Todes und nicht die Botschaft der Auferstehung.

Unsere unerlöste Seite

Und weil wir nichts verstanden haben, muss ich noch über eine andere Angst sprechen, die Angst vor dem Gefühl. Vielleicht wäre es dem reichen jungen Mann besser gegangen, wenn er über seinen Zustand hätte weinen können. Das hätte seine Enge aufgelöst, das hätte seine unerlöste Seite erlösen können. Und ich muss von dem Angstgefühl gerade im Zusammenhang mit dem Thema Frauen reden. Der große Widerstand gegen die Frau als Priester hat keine theologischen Gründe mehr; der Widerstand wird von nichts anderem genährt als von unserer männlichen Angst. Die Angst, zu seinen Gefühlen stehen zu müssen und sie nicht mehr, wie bisher, gewaltsam unterdrücken zu können. Ein Gutteil unserer Sterilität in der Verkündigung beruht auf der Angst, Gefühle zu zeigen, Gefühle zu leben. Das ist unsere unerlöste Seite, die uns blockiert, die Frohe Botschaft Jesu als erlöste, als freie Menschen und damit glaubwürdig und menschenfreundlich zu verkünden. Lassen wir uns endlich erlösen, damit die Frage Jesu positiv beantwortet werden kann: „Wird der Menschensohn, wenn er kommt, auf der Erde noch Glauben vorfinden?“ (Lk 18, 8). ■

Die Nachfolge Jesu ist immer auch eine Bekehrung zum Menschen. Wer sich vom Menschen abwendet, hat Gott schon vorher verloren. Deswegen bleibt das Predigen vieler Priester so wirkungslos.

Der kleine Bischof zu sich, als er einen Priester, der sich von den Menschen überfordert fühlte, trösten wollte

Der Friede, eine zarte Pflanze

Predigt vor Soldaten

Ein Merkmal der Jahrtausendwende, das von vielen, auch von Christen kaum beachtet wurde, war die Friedensbewegung, die endlich ihren Platz in der Kirche eingenommen hatte. Unter dem Eindruck der pessimistischen Endzeit-Gurus, die die letzten Tage der Menschheit vorhersagten, ist eine gewaltige Gegenbewegung entstanden: Der Widerstand gegen Krieg und Rüstung, der Einsatz für den Frieden und die Bewahrung der Schöpfung kommt endlich aus den Kirchen und in ihnen zu Wort. So stark ist diese Bewegung der Christen in aller Welt, dass die Vereinten Nationen den Krieg feierlich geächtet haben. Der Krieg ist endlich kein Mittel mehr für den Frieden.

Märchen sind wahr

Aber auch der Friede ist keine Idylle. Er muss im Krieg gegen uns selbst ständig gesichert werden. Zum Beispiel im Krieg gegen unsere Angst. Im Krieg gegen unsere Selbstsucht. Im Krieg gegen unsere Machtgier.

Ein chinesisches Märchen erzählt, dass zwei benachbarte Länder einen Krieg gegeneinander planten. Zunächst wurden Spione ausgeschickt, um zu erkunden, wo der Gegner am leichtesten angegriffen werden könnte. Die Kundschafter kehrten zurück und berichteten übereinstimmend: Ein Krieg könne nur in einem blühenden, paradiesischen Tal geführt werden. Aber dort lebten friedliche Menschen, deren Heimat zerstört werden müsste.

Das Märchen schließt: Da sagten die Generäle den Krieg ab.

Ist diese Geschichte zu schön um wahr zu sein? Schon vor 2 000 Jahren hat einer den Grund dafür gelegt, dass Märchen wahr werden könnten. In den acht Kernsätzen der Bergpredigt, wir nennen sie Seligpreisungen, gibt uns Jesus das Programm für ein menschliches Leben. Einer der Kernsätze, mit dem wir uns heute beschäftigen wollen, lautet: „Selig, die Frieden stiften, sie werden Kinder Gottes heißen" (Mt 5, 9). Jesus will, dass endlich eine Generation heranwächst, die Söhne und Töchter Gottes sind, Menschen also, die sich nicht mehr darüber schämen müssen, Menschen zu sein, weil sie alle Gewalt aus ihrem Leben verbannt haben. Ich sehe eure einzige Aufgabe darin, Anstifter zum Frieden zu sein. Das habt ihr zu eurem Beruf gemacht. Und die Aufgabe eures Berufes ist es, mit der ganzen Menschheit dafür zu sorgen, dass das Soldatsein überflüssig wird. Damit werdet ihr zu Bautruppen des Friedens.

Friede braucht Geduld

Schauen wir in die Geschichte der Menschheit. Es ist eine Geschichte der Kriege, die nicht einmal Historiker zählen können. Eine Generation nach der anderen hat sich den Krieg angezogen wie ein blutiges Hemd. Noch nie ist ein Krieg „gut" ausgegangen. Immer hat er unsagbares Leid über Menschen gebracht, Tod, Hunger, Seuchen, Zerstörung. Der Krieg hat den Menschen immer weit unter das Tier erniedrigt, das keine Kriege führt. Der Krieg hat den Menschen immer zum Verbrecher und Mörder gemacht. Jetzt endlich will die Menschheit anfangen, es mit dem Frieden zu probieren. Es kann sein, dass es Rückschläge gibt, dass wir daran scheitern. Aber dann dürfen wir uns nicht entmutigen lassen, und müssen es wieder und wieder mit dem Frieden versuchen, zumindest solange, wie wir es wieder und wieder mit dem Krieg probiert haben. Auch der Friede braucht Zeit.

Die Kirche muss künftig in der ersten Reihe der Völkergemeinschaft stehen, die dem Frieden endlich seine Chance gibt. Sie muss den Frieden verkünden und den Krieg verdammen. Auch das lehrt uns die Vergangenheit. 2 000 Jahre lang haben die Theologen darüber nachgedacht, ob und wann es einen gerechten Krieg geben könnte. Sie haben sich damit immer auf die Seite der Herrschenden gestellt und damit gegen Gott und die Menschen. Sie haben Kriege heilig genannt und damit gerechtfertigt. Heute ahnen wir es, dass es nie einen gerechten Krieg gegeben hat und dass wir schon deswegen auf der Seite des Friedens stehen müssen. Wir müssen anfangen darüber nachzudenken, wie es auf Dauer zum gerechten Frieden kommen kann. Wenn ihr das Wort Jesu richtig gehört habt: „Selig, die Friedensstifter ...“, dann begreift ihr, dass es nicht genügt, für den Frieden zu sein. Das behaupteten auch die Politiker aller Zeiten selbst dann noch, wenn sie das blutige Geschäft des Krieges bereits betrieben. Es genügt auch nicht für den Frieden zu beten oder zu demonstrieren. Wir müssen den Frieden wagen. Das ist eine neue, für die meisten völlig ungewohnte Aufgabe. Wir haben als Waffe für den Frieden nur das Evangelium.

Jesus hat ein Wort gewagt, das wir erst jetzt anfangen zu begreifen: „Leistet dem, der euch etwas Böses antut, keinen Widerstand ...“ (Mt 5, 39). Er setzt gegen die Mittel der Gewalt die Sanftmut. Ich weiß, das ist ein Wort, das Soldaten nicht unbedingt schmeckt. Es klingt so frömmelnd unmännlich. Und doch steckt in der Sanftmut, wir haben leider kein besseres Wort, eine ungeheure Kraft, die einer von euch auf eindrucksvolle Weise erfuhr. In seinem Brief, der meinen Besuch in der Kaserne vorbereiten sollte, schrieb mir der Soldat: „... als ich bei einer Gefechtsübung am Rande des Rollfeldes im Gras lag, hatte ich viel Zeit die Betonfläche vor mir zu betrachten. Ein Löwenzahn schob sich durch die dicke Zementschicht hindurch und fing gerade an, sein gelbes Blütenbüschel zu öffnen. Da begriff ich und streichelte seine zarten grünen Blätter ..."

Das Böse auslaufen lassen

Wenn ich dem Bösen keinen Widerstand leiste, wenn ich nicht Böses mit Bösem, Hass nicht mit Hass, Feindschaft nicht mit Feindschaft beantworte, dann bekommt es keinen Fuß auf den Boden, dann kann es sich nicht ausbreiten. Es wird sich auslaufen, verlaufen ... Wir haben es nur noch nicht oft genug ausprobiert, welche Kraft darin besteht, einem, der uns schlägt, auch „die andere Backe" hinzuhalten. Die Kirche hat sich oft dazu missbrauchen lassen, die Rache, das Zurückschlagen, den Krieg zu rechtfertigen. Sie hat sich endlich zum Evangelium Jesu bekehrt, das eine Botschaft des Friedens und der Versöhnung ist. Sie sagt nicht nur „Frieden ist möglich"; sie sagt uns, der Friede ist der einzige Weg, um Gott zu gefallen. Die Kirche muss endlich zur Reife des Evangeliums kommen.

Die Wurzel des Krieges ist unsere Angst. Es hat einer nachgezählt, dass in der Bibel der Satz „Fürchte dich nicht! Fürchtet euch nicht!" 365-mal vorkommt. Also für jeden Tag des Jahres einmal: „Fürchte dich nicht! Fürchtet euch nicht!" Die Bibel gibt unserer Angst eine Losung für jeden Tag, denn auch wir Christen sind Menschen der Angst. Und, das ist besonders merkwürdig: Je reicher ein Land ist, je größer der Lebensstandard der Menschen ist, desto größer wird die Angst. Die Angst redet uns ein, wir müssten Gräben und Bunker bauen, wir müssten uns bewaffnen und rüsten, wir müssten den Erstschlag führen und den Gegner umbringen, bevor er uns angreift. Noch immer ist die Angst unter uns so groß, dass wir, trotz aller Abrüstungsmaßnahmen, mit den Waffen, die wir gelagert haben, unsere Erde 365-mal vernichten könnten.

Wird die Kirche endlich reif?

Wir haben als Waffe gegen diese Angst nur das Vertrauen, das wir auf Jesus setzen. Das ist auch meine Hoffnung, wenn ich die letzten Jahre der Kirche ansehe. Durch die vielen, vor allem jungen Christen, ist die Kirche reifer und mutiger geworden, das Vertrauen in Jesus und sein Wort durch die Tat zu beantworten. Mir scheint, die Kirche im 3. Jahrtausend legt ihre pubertären Auftritte ab, die oft genug von Sturheit, Rechthaberei, Unversöhnlichkeit und Kraftmeierei gezeichnet waren. Sie legt das Schwert ab, das Petrus voreilig und so erfolglos zog, und bekennt sich zum Frieden um jeden Preis. Dieser Preis, das dürfen Christen nicht verschweigen, kann auch das Leid sein, das Kreuz, das Unverständnis, der Tod. Aber ist es nicht viel „besser" für den Frieden zu leiden als im Krieg zu sterben?

Die Bergpredigt mit dem achtmaligen „Selig ...", ruft uns auf, Angst und Furcht aus uns herauslaufen zu lassen und so unschädlich zu machen. Dann muss keiner mehr vor uns Angst haben. Einer muss anfangen, den Kreislauf der Angst zu durchbrechen, und ich frage mich, wer das besser könnte als die „Kinder Gottes", die den Vater im Himmel an ihrer Seite wissen. ■

Wer behauptet, das Evangelium habe keine Antworten auf unsere Fragen, der gibt zu, dass er Jesus nicht kennt. Wer mit Jesus lebt, kann es nicht aus der Politik heraus-lassen.

Der kleine Bischof zu sich, als er von einem Minister wegen seiner Parteinahme heftig kritisiert wurde

Zum wahren Leben befreit

Predigt zu Ostern 2002

Mit dem Ruf „Der Messias ist gekommen!“, stürmte ein Schüler ins jüdische Bethaus. Der Rabbi trat, ohne ein Wort zu sagen, ans Fenster und öffnete es. Dann schaute er lange die Straße hinauf und hinab, schloss das Fenster wieder und setzte seinen Unterricht unbewegt fort. Als aber der Schüler auf eine Antwort drängte, sagte der Rabbi: „Wenn der Messias kommt, wird sich alles verändern. Aber von Veränderung habe ich nichts bemerkt. Also ist der Gesalbte des Herrn, gepriesen sei er, nicht gekommen!“

Erst müssen die Steine weg

Wir haben in dieser Morgenstunde eine unglaubliche Nachricht verkündet, die alles verändern müsste: Christus ist von den Toten auferstanden! Verändert sie uns wirklich? Wir haben die Botschaft schon zu oft gehört, als dass sie in uns noch etwas bewirken könnte. Im Gegenteil. Die Christenheit liegt wie in einem festverschlossenen Grab, auf das immer mehr und immer größere Steine des Zweifels und des Unglaubens geworfen werden. Diese Steine haben uns blockiert. Mir ist aufgefallen, dass sich die Frauen auf dem Weg zum Grab Jesu die Frage stellen, wie sie den schweren Stein wegbewegen könnten. Sie fürchten, dass sie dazu nicht die Kraft haben. Wie auch? Sie vermuteten, einen Toten zu finden, um ihm die letzten Liebesdienste zu erweisen. Ihr Verstand sagte ihnen: Jesus ist tot. Nach Menschenart wollen die Frauen, das, was tot ist, erhalten; wenigstens noch für einige Zeit festhalten. Mumifizieren, um eine Erinnerung zu haben.

Schon einmal ist im Evangelium von einem Grabstein die Rede; er verschloss die letzte Ruhestätte des Lazarus, eines Freundes von Jesus. Alles, was tot ist, was abgestorben ist, wird von uns in ein Grab gelegt und dann verschlossen. Das Grab ist das Zeichen des Endes. Und der Stein setzt hinter diese Feststellung den letzten Punkt. Manchmal haben wir das Gefühl, wie lebendig begraben zu sein; dann lastet ein Stein auf uns und drückt uns zusammen. Jeder Zugang zum Leben ist wie durch schwere Brocken versperrt. Das war auch das Gefühl der Jünger Jesu am Ostermorgen.

Aber erinnern wir uns: Im Falle des Lazarus wälzt Jesus nicht selber den Stein weg, der das Grab verschließt. Er fordert die Menschen, die traurig und niedergedrückt sind, auf, sich an dem Wunder zu beteiligen, das neues Leben schaffen soll: Sie sollen den Stein wegwälzen; sie sollen alles zur Seite schieben, was den Glauben und das Leben blockiert. Das bedeutet: Es gibt keine Auferstehung, es gibt kein Leben ohne unsere Mithilfe. Wenn da keine Gemeinschaft von Glaubenden, also von Lebenden ist, die Steine beiseite räumt und Auswege möglich macht, gibt es keine Befreiung, bleiben Menschen niedergedrückt, unterdrückt, depressiv. Das ist die große Aufgabe der Kirche, die sie an Ostern bekommt: Steine wegzuräumen, Breschen zu sprengen, Lebensräume zu schaffen. Dann vollzieht sich das Wunder der Auferstehung mitten unter uns. Dann werden Menschen durch uns aufgerichtet.

Zum Leben befreien lassen

Jesus schenkte dem Lazarus neues Leben, nachdem Menschen die Steine weggeschafft und Fesseln gelöst hatten. Die Lebenskraft des Evangeliums zeigt sich in Beziehungen, im Miteinander, im Füreinander. Die Auferstehung, das neue Leben, wird in der Gemeinschaft erfahren.

Wir feiern Gottesdienst, nicht um Gott einen Gefallen zu tun, sondern um die Steine wegzuräumen, die uns von einander trennen und die Fesseln zu lösen, die unser Ich binden. Wir feiern Gottesdienst, nicht um die Herrlichkeit Gottes zu vermehren, sondern um zum Glück aufzuerstehen. Wir feiern an jedem Sonntag ein kleines Osterfest, nicht um Gott unsere Zeit zu schenken, sondern um zum wahren Leben befreit zu werden.

Diese Einsichten werden erst langsam unter uns heranreifen. Vielleicht brauchen wir dazu, wie die Frauen am Ostermorgen, einen Engel, der den Stein wegwälzt. Zu lange wurden wir wie im Grab gehalten. Zu lange waren wir durch Gesetze gebunden und gefesselt, zu lange waren wir von versteinerten Riten und Traditionen niedergedrückt, in konfessionelle Grabkammern eingezwängt. Und mit uns war das Evangelium eingesargt. Eine Botschaft, die kein Leben wecken kann, ist selber tot. Was von der Frohen Botschaft des Jesus blieb, war oft nichts anderes als ein Museumskatalog, der uns zu den sonntäglichen Besichtigungszeiten begleitete. Dienst an Abgestorbenem, mehr nicht.

Das wahre Leben

Wir stellen an das Leben unterschiedliche Ansprüche. Gesundheit. Geld. Glück. Das sind Wünsche, die uns spontan einfallen, wenn es um Leben geht. Im tiefsten Grunde aber geht es uns darum, den Tod zu überwinden.Ein junger Mann, der sich nach 20 Jahren Christsein zum Evangelium bekehrt hatte, sagte mir im Gespräch: „Ich bedauere nur eines, dass ich so spät darauf gekommen bin, wie leicht es ist, Christ zu sein.“

Es sind immer noch die Steine, wir laden sie anderen auf, wir schleppen sie mit uns herum, die uns das Leben so schwer und das Christsein so unerträglich erscheinen lassen. Ostern beweist es: Das Christentum ist nicht Kreuz und Leid, es ist zuerst Auferstehung und Befreiung, damit wir das Schwere des Lebens tragen und anderen erträglich machen können. Mit dieser Berufung im Herzen wollen wir jetzt in den Tag hinein das Fest Gottes feiern.

Ich lade dazu herzlich ein: Jesus Christus lebt und wir sollen leben. ■

Auferstehung ist mehr als ein trockener Glaubenssatz. Im täglichen Leben muss sich beweisen, ob einer bereits auferstanden ist von den Toten. Nur wer liebt, lebt. Was keine Liebe mehr hat, sollten wir absterben lassen.

Der kleine Bischof, als es um die Schließung eines Klosters ging.

Die Zukunft zur Welt bringen

Predigt vor Frauen

Sie werden erstaunt sein, dass ich mich an einem Bibeltext orientiere, der ihnen weitgehend fremd sein dürfte; vielleicht ist er sogar ein wenig peinlich, vor allem, wenn er von einem Mann abgehandelt wird. Es geht um jene Frau im Markusevangelium, die zwölf Jahre lang unter einer schlimmen Krankheit litt: Ihre Monatsblutungen ließen sich nicht stillen. Sie blutete weiter, sie war damit nach der Meinung ihrer Umwelt unrein, sie lief buchstäblich aus, körperlich und seelisch, und der Evangelist weiß zu berichten, „sie war von vielen Ärzten behandelt worden und hatte dabei sehr zu leiden; ihr ganzes Vermögen hatte sie ausgegeben" (Mk 5, 26). Alle Versuche hatten nichts gebracht. Ihr Zustand, so der Berichterstatter, war nur noch schlimmer geworden.

Kein Platz für Frauen?

Die Frau hat sich mit ihrem schlimmen Zustand, der sie aus der Gemeinschaft ausschloss, nicht abgefunden, wie man ihr das vermutlich angeraten hatte. Wir kennen dieses alle Initiativen tötende Wort: „Da ist nichts zu machen!" Die kranke Frau sucht beharrlich nach einer Lösung. Sie sucht diese Lösung bei Jesus und findet sie dort auch. Frauen sind in der katholischen Kirche noch immer ausgeschlossen, viele haben sich damit resignierend abgefunden. Ich gebe das in dieser großen Gemeinschaft von Frauen aus vielen christlichen Konfessionen mit Trauer und Enttäuschung zu. Manche suchen weiter nach einer Lösung. Ist es der lautlose Auszug aus der Kirche? Ist es der lautstarke Protest?

Andere Frauen suchen ihren Platz in der Kirche; sie müssen sich erkämpfen, was ihnen eigentlich nach dem Willen Jesu zusteht. Solange die Frau nicht alle Ämter und Dienste in der Kirche einnehmen kann, solange sündigt das Christentum an der einen Hälfte der Menschheit. Im Evangelium sucht die kranke Frau die Lösung ihres Problems und Heilung in aller Heimlichkeit: „Sie drängte sich in der Menge von hinten an Jesus heran", heißt es in der Schrift, „und berührte sein Gewand. Denn sie sagte sich: Wenn ich auch nur sein Gewand berühre, werde ich gesund" (Mk 5, 27.28). Jesus aber will diese Heimlichtuerei nicht. Er will nicht, dass diese Frau und ihr Schicksal untergehen; er will nicht, dass sie eine Nummer bleibt, ausgeschlossen von allem, was für das Leben wichtig und schön ist. Er holt sie an die Öffentlichkeit. Jesus will sie damit nicht bloßstellen, er stellt sich an ihre Seite, holt ihren Glauben ans Licht und bestätigt ihn vor allen Menschen: „Dein Glaube hat dir geholfen, geh in Frieden" (Mk 5, 34).

Jesus und die Frauen

Es ist an der Zeit, darüber nachzudenken und es auszusprechen, wie Jesus den Frauen begegnet ist. Was wir unterdrücken und mit allen Mitteln vereiteln, trotz aller schönen Worte, hat Jesus getan: Er hat die Frau ernst genommen, weil ihr Bild im Antlitz seines Vaters im Himmel widerstrahlt: „Gott schuf den Menschen nach seinem Bilde, als Mann und Frau schuf Gott den Menschen" (Gen 1, 21), heißt es in der Schrift. Jesus beteiligt sich nicht an dem traurigen Spiel, dass in der Frau das Böse der Welt zu entdecken und zu bestrafen sei; schon in seiner Mutter hat er der Frau die Würde zurückgegeben, weil sie „die Zukunft zur Welt bringt".

Bis in unsere Tage hinein, denken wir an den traurigen Gipfelpunkt des Hexenwahns, dürfen Männer, auch Männer der Kirche, in der Frau alles bestrafen, was in ihnen selber an Bösem steckt, was sie sich an Gemeinheiten nicht eingestehen, was sie nicht zu leben wagen. Schon im Evangelium stoßen wir auf die Tendenz, das anstößige Verhalten Jesu, nämlich dass er mit Frauen ganz unbefangen umgeht, zu verstecken. Die Männer der ersten Stunde befürchten vermutlich eine Initialzündung für eine neue Stellung der Frau in der christlichen Gemeinde, obwohl die Zahl der Schriftstellen „Jesus und die Frau" ergiebiger sind, als sie uns beispielsweise im Sonntagsgottesdienst angeboten werden. Nur gelegentlich wurde der unverkennbare Wille Jesu Wirklichkeit: In Kleinasien finden wir in der Frühzeit des Christentums Gemeinden, die von Frauen geleitet wurden; hier wird eine Frau ausdrücklich Apostolin genannt. Heute müssen wir anklagend feststellen, dass wir weit hinter dem Willen Jesu zurückgeblieben sind. Eine Sünde, die schwer auf der Kirche und ihrer Glaubwürdigkeit lastet. Vielleicht ist deswegen die „Mutter Kirche" so unfruchtbar und kann keine Zukunft mehr zur Welt bringen?

Zum Frausein befreit

Das Geheimnis, warum es die Frauen dennoch so lange in der Kirche ausgehalten haben, liegt meiner Überzeugung nach in Jesus Christus. Er ist der eigentliche Befreier. Von ihm haben viele Frauen, denken wir nur an die großen Frauen der Kirchengeschichte, die Kraft empfangen, auch gegen eine frauenfeindliche Kirche zu glauben und diesen Glauben in die Tat umzusetzen zum Segen für uns alle. Nicht auszudenken, was der Kirche und dem Christentum ohne die Frauen verloren gegangen wäre!

Glücklicherweise geht von Jesus nach wie vor die große Befreiung aus, auch gegen die Kirche. Wo Menschen offen diesem Jesus begegnen, brechen Kräfte auf, die man nicht für möglich gehalten hätte, werden Phantasie, Ideen und Mut geweckt, nach neuen Wegen zu suchen. Das ist meine Hoffnung für die Frau in unserem Jahrhundert. Jesus kann die Frau auch in der Kirche und von der Kirche befreien, wenn sie sich nicht zurückzieht, wenn sie zärtlich bleibt wie Maria von Magdala, aufgeschlossen ist wie Maria von Betanien oder dienend wie ihre Schwester, wenn sie selbstbewusst ist wie die Syrophönizierin, und standhaft wie die Frauen unter dem Kreuz. Ich muss bekennen, von den wesentlichen Dingen des Evangeliums haben Männer wenig begriffen; deswegen waren sie (mit einer Ausnahme) unter dem Kreuz nicht dabei; deswegen mussten sie sich auch die Auferstehung des Herrn von Frauen bezeugen lassen. Die Frau gehört zur Basis der Kirche, weil sie der Auferstandene zur Zeugin unseres Glaubens gemacht hat. Unser Glaube war zu lange blutleer, weil die Frauen in ihrem Zeugnis und ihrem Leben an den Rand der Kirche gedrängt waren.

Kehren wir noch einmal zur kranken Frau zurück: Frauen neigen dazu, sich für andere hinzugeben, sich selber loszulassen, sich zu verströmen. Das ist ihre Stärke, das ist ihre Schwäche. Frauen sind zu unsagbaren Opfern bereit, davon hat die Kirche in den Jahrhunderten profitiert. Was hat sie den Frauen dafür gegeben? Es bleibt eine große Schuld abzuzahlen. Ich möchte diese Schuld einmal so bekennen: Die Kirche lernt endlich zu begreifen, wie groß der Abstand ist zwischen der Frohen Botschaft Jesu, die sie verkündet, und ihrer eigenen Armseligkeit. Das ist der erste Schritt zur Besserung. Der zweite muss heißen: Es ist an der Zeit, dass in der Kirche die Schöpfungsordnung

Gottes verwirklicht wird, der den Menschen als Mann und Frau schuf. Schon Paulus bezeugt im Römerbrief eine Frau mit dem Namen Junia, die unter den Aposteln hervorragt und schon vor ihm Christin geworden ist (vgl. Röm 16, 7).

Ich will das Meine dazu beitragen, die Unbeweglichkeit meiner Kirche aufzusprengen. Ich bin davon überzeugt, Jesus will für dieses Jahrhundert neue Ämter und neue Dienste. Wer wollte sich seinem Willen entgegenstellen, ohne Schuld auf sich zu laden? ■

Nicht die Frauen stehen der Kirche fern. Die Kirche steht den Frauen fern, weil es seit Jahrhunderten gegen den Willen Jesu die Männer sind, die „wissen“, was die Frau braucht und was ihr gut tut.

Der kleine Bischof selbstkritisch nach einer Auseinandersetzung mit seiner neuen Sekretärin

Ist denn keiner da?

Predigt vor Kranken

Es wird von einem Mönch erzählt, der seit Monaten bewegungsunfähig in seinem Bett lag. Seine Mitbrüder kamen mehrmals am Tag, um ihn auf die linke oder rechte Seite zu drehen, den Kopf zu unterstützen oder ihn sonst nach seinen Wünschen zu fragen. Einmal gab es viel Arbeit im Kloster, die Brüder waren beschäftigt und vergaßen darüber den Kranken. Da raffte jener sich auf, nahm alle seine Kräfte zusammen, schleppte sich auf den Gang hinaus und rief: „Ist denn heute keiner da, der mich umdreht?"

Ist denn keiner da, müssen heute viele Menschen fragen. Es scheint so, als riefen sie in einen leeren, dunklen Gang hinein, ohne eine Antwort zu bekommen. Nicht einmal ihr Echo kommt zurück. Solange eine Krankheit behandelbar, gar heilbar ist, finden sich viele Helfer, die bereit sind, gegen das Übel anzugehen, mit allen Mitteln, unter großen Kosten. Aber dann, wenn alle Therapie am Ende ist, wenn keine irdische Hoffnung mehr ist, wer bleibt dann noch? Was bleibt dann noch? Ist dann keiner mehr da?

Es fehlt ein Mensch

Als Jesus nach Jerusalem kam, fand er beim Schaftor am Teich Betesda einen Menschen, „der schon 38 Jahre krank war. Als er ihn dort liegen sah und erkannte, dass er schon lange krank war, fragte er ihn: Willst du gesund werden? Der Kranke antwortete ihm: Herr, ich habe doch keinen Menschen ..." (Joh 5, 5ff). Das ist unsere eigentliche Krankheit, dass wir keinen Menschen haben. Wir wissen, dass die Nähe eines Menschen gesund machen und krank machen kann. Erst recht, wenn uns ein Mensch fehlt. Manche suchen über ihre Krankheit nach einem Menschen, der sie versteht, der sie tröstet. Weil sie einsam sind oder verzweifelt, weil niemand ihre Signale versteht, die sie aussenden: Lass mich nicht allein! Hab mich lieb! Verlass mich jetzt nicht!, werden sie krank. Diese Krankheiten kann nur ein Mensch heilen, sein Verständnis, seine Zuwendung, seine Zärtlichkeit. Ich vermute, die Hälfte unserer Kranken müsste nicht leiden, wenn sie einen Menschen an ihrer Seite hätten.

Jesus hat sich an die Seite des Kranken gestellt. An vielen Stellen der Schrift ist von seiner Zärtlichkeit die Rede. Es muss für die Menschen seiner Zeit auffällig gewesen sein, dass er selbst solchen nahe kommt, deren Krankheiten als ansteckend galten. Er nimmt sie in die Arme, legt ihnen die Hände auf, streichelt sie. Schon seine Nähe macht die Menschen gesund. Sie sind wieder „wer". Jesus zeigt ihnen sein Interesse, er verwickelt sie in Gespräche. Die Leute erfahren, dass die Zeit des Heils angebrochen sein muss, weil sich das Prophetenwort erfüllt: „Blinde sehen, Lahme gehen, Aussätzige werden rein ..." (vgl. Mt 10, 5).

In der großen Bildrede von der Scheidung der Geister sagt Jesus ausdrücklich: „Ich war krank und ihr habt mich besucht." Und die Leute fragen: „Wann warst du krank und wir sind zu dir gekommen?" Dann antwortet der Herr des Lebens: „Was ihr einem der Geringsten getan habt, habt ihr mir getan!" (vgl. Mt 25, 36ff). Die Krankheit ist nicht nur eine Herausforderung für den Kranken, sie ist eine Aufgabe für den gesunden Menschen.

Jesus bleibt uns nahe

Jesus ist uns zur Seite in der Gestalt eines Menschen, des Arztes, der Krankenschwester, des Pflegers, des Besuchers. Und doch gibt es für jeden Kranken die Stunden der Traurigkeit, der Einsamkeit und der Verzweiflung; vor allem, wenn es für die Gesundung keine Hoffnung mehr gibt. Dann sollte uns diese schwere Prüfungszeit nicht in die Verbitterung führen. Auch Jesus ist den Weg durch diese letzte Depression gegangen, bis er Ja sagen konnte zum Willen des Vaters. In dieser schweren Stunde hat er den Psalm 22 gebetet und seine große Not hinausgeschrien: „Mein Gott, mein Gott, warum hast du mich verlassen? ... Sei mir nicht fern, ... denn niemand ist da, der hilft." Doch die Klage endet in der Zuversicht: „Gott verbirgt sein Gesicht nicht vor mir, er hat auf mein Schreien gehört".

Das ist der einzige Trost, den ich vielen geben kann, ein Trost, von dem ich hoffe, dass er auch mich trägt, wenn für mein Leben die Stunde der Prüfung kommt. Dann hoffe ich, dass ich ganz am Ende sagen kann: „Vater, in deine Hände lege ich mein Leben" (Lk 23,46). ■

Gott liebt nicht die Leistung; er liebt den Menschen. Deswegen hat der Kranke im Christentum einen besonderen Platz. Er fängt die Liebe Gottes auf und gibt sie in eindrucksvoller Weise weiter.

Der kleine Bischof, als er gefragt wurde, warum er so lange am Krankenbett seines Freundes ausgehalten hatte

Leben und loslassen

Predigt vor Senioren

„Sie glauben gar nicht“, sagte mir eine Achtzigjährige, die ich im Altersheim besuchte, „was mir das Gespräch mit Ihnen bedeutet. Es ist wie Heimat ... Jahrelang habe ich vor mir und vor anderen meine Kinder entschuldigt, weil sie mich so selten besuchten. Bis ich begriffen habe, dass ich auch so leben kann, dass ich selber weiterleben muss, ohne von den Jungen abhängig zu sein und auf sie zu warten. Nachdem ich alles losgelassen habe, was für mich im Alter wichtig und wertvoll schien, kann ich die kleinen Geschenke des Tages wieder genießen.“

Aus diesen Worten spricht die Weisheit eines alten Menschen, der in die letzte Phase seines Lebens eingetreten ist, der das weiß und vor sich auch zugibt. Deswegen kann er ohne Verbitterung leben. Unser ganzes Leben ist ein einziges Loslassen. Es beginnt mit der Abnabelung bei unserer Geburt, und reicht über die vielen Abschiede unseres Lebens bis zum letzten Loslassen. So wie es Jesus am Kreuz getan hat: „Vater, in deine Hände lege ich mein Leben“ (Lk 23, 46). Von vielen Menschen haben wir Abschied genommen. Einmal werden wir den letzten Abschied nehmen.

Es ist seltsam. Über dieses letzte Loslassen im Tode wird gerade in Altersheimen sehr selten gesprochen. Es gibt sogar Häuser, in denen das Sterben verborgen gehalten wird, als sei der Tod eines Menschen eine schlimme Sache, die ganz im Geheimen bleiben müsse. Diese merkwürdige Einstellung zu Sterben und Tod hat so nur der westliche Mensch. Er empfindet diesen natürlichen Vorgang als ein

Scheitern. Das Leben in Sicherheit und Konsum steht auch uns Christen näher als das Reich Gottes, so dass uns der Gedanke an Sterben und Tod peinlich berührt. Wenn wir begriffen hätten, dass dieses Reich Gottes schon mitten unter uns ist, wäre unser Weg in die Vollendung sicher leichter. Jesus hat einmal das deutliche Wort geprägt: „Euch muss es zuerst um das Reich Gottes gehen und seine Gerechtigkeit; dann wird euch alles andere dazugegeben" (Mt 6, 33). Es geht um die Rangfolge dessen, was für uns wichtig sein soll. Vorher spricht Jesus von den Sorgen, die sich die Menschen machen: Sie sorgen sich um Essen und Trinken, sie machen sich Gedanken über ihre Kleidung, sie haben Probleme, wenn sie zu lang oder zu kurz geraten sind, sie ängstigen sich um ihr Leben. Alle diese Sorgen lassen uns festhalten an dem, was wir haben, bringen uns dazu, sorgsam, ängstlich, manchmal sogar geizig, über unseren Besitz zu wachen, zwingen uns dazu, nach Sicherheiten zu suchen und eine Versicherung nach der anderen abzuschließen. Ich frage mich, ist das ein Leben, das nur gelebt wird zwischen Gesundheit und Krankheit, zwischen Besitz und Verlust, zwischen Liebe und Leid? Da bleibt, selbst wenn alles gut geht, am Ende nur das Alter und der Tod. Das soll dann alles gewesen sein?

Das Leben leben

Wenn wir aber gelernt haben, loszulassen, unsere Sorgen und unsere Ängste, auch alle Bindungen, die uns belasten, weil sie uns wieder nur Sorgen machen und uns festhalten wollen, dann treten wir ein in jenen Abschnitt des Lebens, der jeden Tag als ein Geschenk, jede Begegnung als eine Bereicherung, jede Möglichkeit, die wir nutzen können, als eine Chance ansieht. Ein Leben, dessen Schicksal es nicht ist, auf den Tod zu warten, sondern das Leben zu leben. Weil wir es losgelassen haben, können wir es als ein Geschenk genießen. Das Loslassen ist für uns die schwerste Aufgabe, die es gibt. Haben wir sie gelöst, sind wir erlöst.

Erlösung bedeutet, wir können das Glück des Himmels, das uns erwartet, schon hier genießen. Wir müssen nicht in Einsamkeit und Traurigkeit versinken, wir müssen uns nicht verschließen und nicht verkümmern. Wir können leben, wenn unser Herz warm genug bleibt, in den Menschen, die uns zur Seite stehen und die uns begegnen, das Gute zu sehen und zu lieben. Wir können leben, wenn unser Herz warm genug bleibt, die kleinen Schönheiten, die leisen Töne, die milden Farben unseres Herbstes zu entdecken.

Das Heil setzt sich fest

„Er ist nicht ein Gott von Toten, sondern von Lebenden" (Mk 12, 27). Das ist eines der schönsten Worte Jesu. Mit diesem Wort bekommt die Ur-Hoffung des Menschen Leben. Denn genau das ist die ewig wahre Verheißung, das ist der Grund aller Religion. Gott, der uns so geliebt hat, dass er uns ins Dasein rief, nimmt diesen Ruf nie mehr zurück. Sein Heil setzt sich bei uns fest. Gewiss, wir sterben und vergehen, und nach einer gewissen Zeit sind wir auch vergessen. Aber wir sind nicht gestorben und verdorben, wir leben in der Hand Gottes weiter. Schon dass wir das denken können, ist für uns Beweis genug. Es hat einer ein schönes, einleuchtendes Bild für unsere Sehnsucht nach Gott und ewigem Leben gezeichnet; ein Bild, das mir über manche Einsamkeit und drohende Verzweiflung hinweggeholfen hat: Selbst für einen Menschen, der in der Wüste verdurstet, ist der Durst ein Beweis, dass es Wasser gibt, auch wenn es in dieser menschenfeindlichen Gegend weit und breit nicht zu finden ist. Ohne Wasser gäbe es keinen Durst. Ohne Gott gäbe es kein Leben. Wenn wir nach dem

Evangelium leben, dann setzt sich Gottes Reich in uns so fest, dass der Tod nicht das Leben beenden kann. Jetzt beginnt das eigentliche Leben. Die Ewigkeit Gottes gibt unserem Leben, unserem Alter, noch unserem Tod Würde und Sinn. Damit können wir leben. ■

Obwohl der Tod die einzig große Sicherheit in unserem Leben ist, haben wir es nicht gelernt, mit ihm umzugehen. Wir erleben, dass nur die anderen sterben und halten uns deswegen in unserer Lebenseinstellung für ziemlich unsterblich.

Der kleine Bischof, als er am Grab seiner Eltern betete

Oliver Maß, der kleine Bischof von Würzburg, lebt tatsächlich, auch wenn er noch oder nur Zukunft ist. Er lebt in den Herzen der Menschen, die sich eine Ahnung von der Zärtlichkeit und Menschenfreundlichkeit Gottes durch die leid- und wechselvolle Kirchengeschichte hindurch bewahrt haben.
Er lebt in allen Christen, die seine Gedanken teilen, die von seiner Menschenliebe angesteckt sind und die die Hoffnung nicht aufgegeben haben, dass im Leben nach dem Evangelium Jesu die einzige Chance besteht, die Welt und den Menschen zu heilen.

Aus unserem Verlags**programm**

In seinem aktuellen Roman gewährt der Schweinfurter Seelsorger und Autor Roland Breitenbach einen Einblick in die Lebenssituation eines Jesusdarstellers in einem Passionsspiel. Seine besondere Rolle bringt ihn in den Konflikt mit seiner Familie, der sich durch sein außereheliches Liebesverhältnis noch verstärkt.
Zugleich verknüpft sich der Weg Jesu vom See Genesaret bis nach Jerusalem mit dem Schicksal biblischer Gestalten, das wieder mit den Menschen im Passionsspiel verknüpft wird.
„Jede Rolle in einem Passionsspiel könnte ich mir vorstellen", sagt der Autor von sich selbst. „Von Pilatus über Herodes bis zum Judas. Aber Jesus, den könnte ich nicht spielen."
Um so spannender wird die Frage, wie sich die Konflikte lösen, die ja auch zum Alltag des Seelsorgers Breitenbach gehören. Wer zu diesem Buch greift, wird es erst dann aus der Hand legen, wenn Marco als Jesus am Kreuz den Schrei des Todes ausstößt: „Es ist vollbracht!"

Roland Breitenbach | **Passionsblumen** | Das Spiel eines Lebens

Reimund **Maier** Verlag | ISBN 3-926300-39-6 | Broschur | 208 Seiten

„Eine kleine weiße Feder – der Papst, der das Getto sprengte" setzt konsequent die Zukunftshoffnungen für die Kirche, die schon der „Kleine Bischof" lebte, auf neue und noch eindringlichere Weise fort. Der „letzte Papst", Petrus II., verläßt nach seiner überraschenden Wahl im Jahr 2011 den Vatikan, weil die verkrustete Institution unfähig zu einem dringend notwendigen Wandel in der Kirche ist. Er erfüllt damit die „Weissagungen des Malachias", die 500 Jahre früher – an der Wende zur Neuzeit – voraussagen: „Petrus, ein Römer, wird die heilige römische Kirche in der letzten Verfolgungszeit regieren ... Dann wird die Stadt auf den Siebenhügeln zerstört".
Matteo Malo, der 1960 in einem umbrischen Dorf geboren wurde, orientiert seinen Dienst in der Kirche als Weihbischof in Mailand und nach seiner Wahl zum Papst allein am Evangelium. Petrus II. erkennt sehr schnell, daß der Vatikan selbst eines der schwerwiegendsten Hindernisse bei der Neuorientierung der Kirche auf das Evangelium Jesu ist. Mit mutigen Schritten zerbricht der neue Papst jene Traditionen, die den Fortschritt der Kirche blockieren. Er verläßt die Ewige Stadt. Der Vatikan wird zu einem Museum; neues christliches Leben wächst in anderen Teilen der Welt ...

Roland Breitenbach | **Eine kleine, weiße Feder** | Papst Petrus II.
Reimund **Maier** Verlag | ISBN 3-926300-34-5 | Broschur | 172 Seiten